코로나19 바이러스
"친환경 99% 항균잉크 인쇄"
전격 도입

언제 끝날지 모를 코로나19 바이러스
99% 항균잉크를 도입하여 「안심도서」로
독자분들의 건강과 안전을 위해 노력하겠습니다.

항균잉크의 특징

- 바이러스, 박테리아, 곰팡이 등에 항균효과가 있는 산화아연을 적용
- 산화아연은 한국의 식약처와 미국의 FDA에서 식품첨가물로 인증받아 **강력한 항균력**을 구현하는 소재
- 황색포도상구균과 대장균에 대한 테스트를 완료하여 **99%이상의 강력한 항균효과** 확인
- 잉크 내 중금속, 잔류성 오염물질 등 **유해 물질 저감**

TEST REPORT

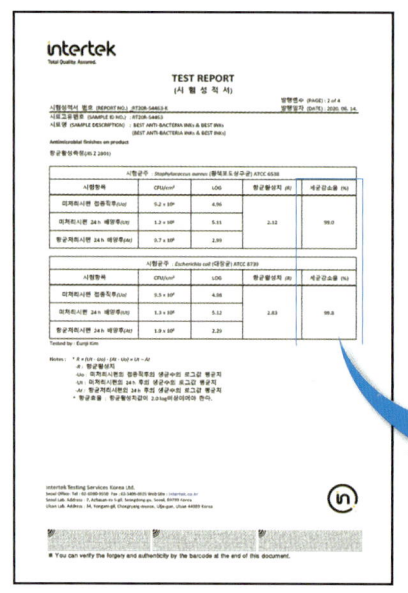 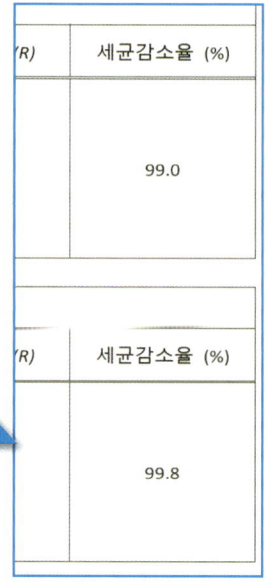

종이로 만드는
입체 편지지 & 선물상자 도안집

종이로 만드는 입체 편지지 & 선물상자 도안집

개정1판1쇄 발행일	2022년 04월 25일
초 판 발 행 일	2019년 02월 20일

발 행 인	박영일
책 임 편 집	이해욱
저 자	최은영

편 집 진 행	박소정
표 지 디 자 인	박수영
편 집 디 자 인	신해니

발 행 처	시대인
공 급 처	(주)시대고시기획
출 판 등 록	제 10-1521호
주 소	서울시 마포구 큰우물로 75 [도화동 538 성지 B/D] 6F
전 화	1600-3600
팩 스	02-701-8823
홈 페 이 지	www.sdedu.co.kr
I S B N	979-11-383-1825-9
정 가	20,000원

ⓒ 최은영, 2019

※이 책은 저작권법에 의해 보호를 받는 저작물이므로, 동영상 제작 및 무단전재와 복제, 상업적 이용을 금합니다.
※이 책의 전부 또는 일부 내용을 이용하려면 반드시 저작권자와 (주)시대고시기획 · 시대인의 동의를 받아야 합니다.
※잘못된 책은 구입하신 서점에서 바꾸어 드립니다.

시대인은 종합교육그룹 (주)시대고시기획 · 시대교육의 단행본 브랜드입니다.

프롤로그

누군가를 좋아하는 마음을 직접 만든 편지와 선물로 전달해본 경험이 있으신가요?

핸드폰만 있으면 언제든지 빠르고 편하게 연락할 수 있는 시대에 손편지를 쓴다는 것은 어찌 보면 촌스럽게 느껴질지도 모르겠네요. 예전처럼 편지를 받는 사람을 생각하면서 한 자 한 자에 정성을 들여 꾹꾹 눌러 쓴 글들이 이제는 좀처럼 찾아보기 어려운 것도 사실입니다.

하지만 저는 아직도 주변 사람들에게 손편지로 마음을 전하곤 합니다. 옛날에 받았던 편지를 오랜 시간이 지난 뒤 우연히 열어봤을 때, 글자들이 주는 따뜻한 기억과 설레는 마음이 다시 전달되는 것 같아 너무 좋았거든요.

저는 글을 잘 쓰지는 못하기 때문에 어떻게 하면 마음을 더 잘 전달할 수 있을까 늘 고민했어요. 그러다가 편지지를 직접 만들면 정성을 담을 수 있을 것 같다는 생각에 서툴게나마 편지지 만들기를 시작했습니다. 그렇게 편지지를 하나둘 만들다가, 저처럼 아직도 손편지를 쓰시는 분들에게 도움을 드리고 싶어서 네이버 카페에 도안을 공유했어요.

선생님이 반 아이들과의 추억을 담아 만든 앨범, 엄마와 아이가 무언가 함께 만들며 보내는 즐거운 시간, 사랑하는 애인과 친구에게 속마음을 표현할 수 있는 편지… 그렇게 5년 동안 편지로 특별한 추억을 간직하고 전하는 사람들과 함께하는 소중한 시간을 보냈습니다.

여러분도 이 책을 통해 소중한 사람들에게 마음을 담은 편지를 전해 보는 건 어떨까요? 초보자분들도 쉽게 작업할 수 있도록 특별히 신경 써서 구성했습니다. 예쁘게 만드는 건 제가 도와드릴 테니 마음만 준비해주세요. 바스락바스락 종이를 만지고 자르면서 손끝에서 느껴지는 편안함을 즐기는 시간이 되기를 바랍니다.

종이에 사랑을 담아 만드는 페이퍼 아티스트
최은영

목차

기초 •12

1. 준비물
2. 도구 사용하기
3. 기호 안내

만들기 •18

순도 100% 사랑 함유
음료수 선물상자

•
20

밸런타인데이에는
달콤한
초콜릿&마카롱 편지지

•
22

너 한 입, 나 한 입
도넛 상자 편지지

•
24

골라먹는 재미가 있는
아이스크림 편지지

•
26

딩동~ 편지 왔어요
우체통 편지지

•
28

부~자 되세요!
돈다발 선물상자

•
30

사랑이 입금되었습니다
통장 편지지

32

영양 듬뿍, 정성 듬뿍
샌드위치 선물상자

34

감사의 마음을 담은
감사장 편지지

36

내 마음 일등공신
훈장 편지지

38

내가 너의 만병통치약
약봉투 편지지

42

**사랑해유, 감사해유,
미안해유, 보고파유**
우유 선물상자

44

**두근두근,
뭐가 들어있을까?**
택배 선물상자

46

용기 내어 고백하는 날
빼빼로데이 편지지

48

**크래커는 커피에 퐁당,
나는 너에게 퐁당**
크래커 편지지

50

24시간 사랑 편의점
삼각김밥&감자칩 편지지

52

특별한 날을 더욱 빛내줄
케이크 선물상자

54

**푸짐한 나의 사랑에
배부를 거야**
햄버거 세트 편지지

56

**열면 열수록
사랑이 넘쳐요**
팝업 편지지

60

내 마음 꼭꼭 담은
상자 편지지

64

사랑이 펑! 펑!
수류탄 선물상자

70

밀어서 잠금 해제
핸드폰 편지지

72

**이 영화의 주인공은
바로 너야**
슬레이트 앨범

74

여기 보세요, 찰칵!
카메라 앨범

76

도안 •78

[일러두기]

1. 칼과 가위를 사용할 때는 다치지 않도록 주의합니다.
2. 도안을 만들기 전에 17p의 '기호 안내'에서 도안 읽는 법을 숙지하고 만들기를 시작합니다.
3. 모든 도안을 만들기 전에 만드는 방법을 확인하고, 복잡한 도안의 경우 영상을 함께 확인하면 실수를 줄일 수 있습니다.
4. 모든 도안은 뒷면 도안이 앞면보다 조금 더 크게 인쇄되어 있습니다. 앞면의 선을 똑바로 따라 오리면 뒷면도 깔끔하게 잘립니다.
5. 도안의 모든 실선과 점선은 되도록 정확히 오리고 접어야 편지지를 완성했을 때 예쁘게 완성됩니다.
6. 도안 페이지 왼쪽에 들어가 있는 칼선을 앞뒤로 접은 다음, 조심스럽게 뜯으면 깔끔하게 도안을 분리할 수 있습니다.

입체 편지지와 선물상자를 만들기 전에

알아두어야 할 내용을 소개해요.

준비물과 도구 사용법, 도안에 사용된 기호를

미리 익혀두면 작업이 훨씬 수월해져요.

이제 저를 따라 차근차근 시작해보세요.

준비물

1 재단판(커팅매트)
이 책은 A4 크기이기 때문에 넉넉하게 A3 크기의 재단판을 사용하는 것이 좋습니다. 종이보다 재단판이 커야 편하게 작업할 수 있습니다.

2 가위
일반적인 문구용 가위를 사용합니다. 가위가 오래되어 녹이 슬거나 가윗날이 가지런하지 않은 경우 종이가 깔끔하게 잘리지 않으니 새 가위를 구매하여 사용하는 것을 추천합니다.

3 칼
칼은 손에 쥐었을 때 편한 것을 사용하는 것이 좋습니다. 두께가 도톰한 칼이 손목이나 손에 무리가 덜 갑니다. 두께가 얇은 칼은 종이를 자를 때 힘을 많이 주게 되어 손에 무리가 갈 수 있습니다. 그러나 섬세한 칼질이 필요할 때는 두께가 얇은 칼이 더 편리하므로 상황에 따라 적합한 칼을 선택해 사용합니다.

4 칼날
칼날은 어느 것이든 사용해도 괜찮지만, 30° 칼날을 추천합니다. 30° 칼날은 보통의 칼날보다 칼끝이 뾰족해서 정교한 부분을 자르기 편합니다. 칼을 사용하다보면 잘 잘리지 않아서 힘을 과도하게 줄 때 다치는 경우가 많으므로, 칼끝을 예리하게 관리하는 것이 좋습니다. 이때 칼끝이 날카로우므로 반드시 칼날을 칼집 안에 넣어 보관해야 합니다.

5 풀
풀은 액체풀이나 고체풀 등 어떤 것을 사용해도 괜찮지만, 이 책에서는 주로 목공용 풀을 사용했습니다. 목공용 풀은 빨리 마르고 튼튼하게 고정되어서 편리합니다. 목공용 풀과 같은 액체 형태의 풀은 짜서 써야 하기 때문에 얇게 펴 바르며 사용합니다.

6 펀치
도안에 구멍을 뚫을 때 사용합니다.

7 자
자는 플라스틱 자보다 스테인리스 자를 추천합니다. 플라스틱 자는 두께가 두꺼워서 도안의 선 위에 자가 정확히 위치했는지 확인하기 어렵습니다. 반면에 얇은 스테인리스자는 자의 위치를 확인하기 쉽고 잘 마모되지 않아 오래 사용할 수 있습니다.

8 끈
끈은 원하는 것으로 준비합니다. 이 책에서는 마크라메용 실을 사용했습니다. 너무 얇거나 두꺼운 실보다는 3~4mm 정도의 도톰한 실을 사용하는 것이 좋습니다.

9 마스킹 테이프

편지지가 열리지 않게 고정할 때 풀로 붙이는 것보다 마스킹 테이프를 잘라 붙이면 종이도 상하지 않고 뜯기도 훨씬 편합니다.

10 사진

사진이 필요한 도안의 경우 필요한 사진 크기를 미리 확인하고 준비해둡니다. 많은 양의 사진을 인화할 때는 컬러 프린트보다 사진 인화 사이트를 이용하는 것이 더 저렴하고 깔끔하게 출력할 수 있습니다.

✽ 사진 인화 추천 사이트
퍼블로그 www.publog.co.kr

도구 사용하기

가위

• 곡선 자르기

가위질을 하는 손은 고정하고 종이를 움직이면서 자릅니다. 가위를 쥔 손을 움직일 경우 손목에 무리가 갈 수 있으므로 상대적으로 가벼운 종이를 움직이는 편이 좋습니다.

• 반 접어 자르기

1 반 접어 자를 도안의 선 바깥으로 배경을 넉넉하게 자릅니다.

2 점선을 따라 반을 접습니다.

3 반을 접은 도안을 한 손으로 잘 잡고 앞면의 실선을 따라 가위로 자릅니다.

- 도안 안쪽(가위 기호) 잘라내기

 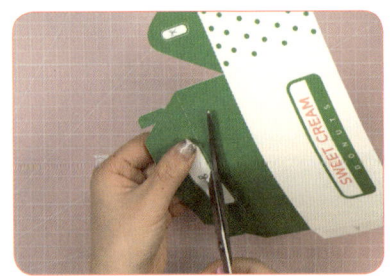 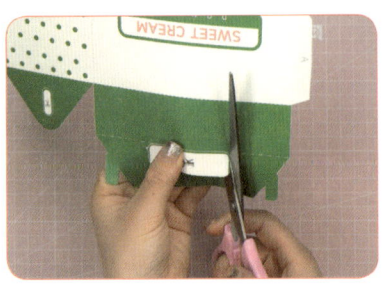

1 도안을 살짝 구부려 가위 기호가 있는 안쪽 부분을 가위 끝으로 잘라 구멍을 냅니다.

2 구멍에 가위를 집어넣고 실선이 있는 곳까지 자릅니다.

3 실선을 따라 자릅니다. 이때 가위는 고정하고 종이를 돌려가며 자릅니다.

🔶 칼

- 자 대고 자르기

실선 위에 자를 잘 맞춰서 올려놓고 자를 힘주어 누르면서 칼질합니다. 칼질할 때 자 바깥으로 손이 빠져나가면 손을 베일 수 있으니 주의합니다. 칼질이 잘 되지 않아 종이가 잘리지 않을 경우 여러 번 칼질합니다.

- 곡선 자르기

칼을 쥔 손은 고정하고 종이를 돌려가면서 자릅니다.

- 칼날 부러뜨리기

 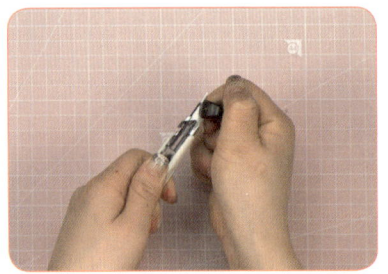

1 칼끝이 마모되어 뭉뚝할 경우, 칼질이 잘 되지 않아 힘을 주다가 다칠 위험이 있으므로 칼날을 부러뜨려 사용합니다. 보통 칼 아래쪽에는 칼날을 부러뜨릴 수 있는 도구가 내장되어 있습니다.

2 칼날을 한 칸만 빼낸 다음 칼날 부러뜨리는 도구를 칼날의 선에 맞춰 끼우고, 살짝 힘을 주어 뒤로 젖히면 칼날이 부러집니다.

- 칼날 교체하기

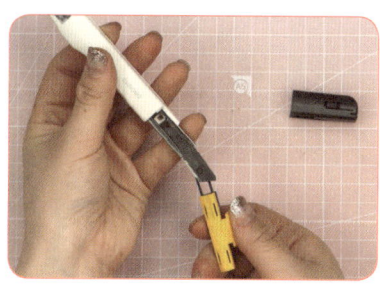 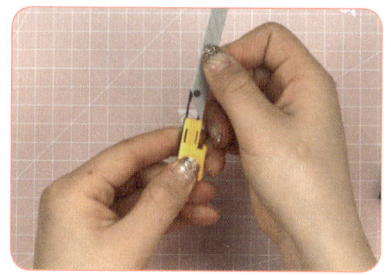 

- 점선에 자국 내기

1 칼날은 소모품이기 때문에 칼날을 다 사용했다면 새로운 칼날로 교체해서 사용합니다. 손잡이와 칼날을 칼집 아래쪽으로 빼냅니다.

2 손잡이의 돌출된 부분을 새로운 칼날의 구멍에 끼우고 다시 칼집에 집어 넣습니다.

점선 위에 자를 올려놓고 칼등으로 살짝만 힘을 주어 긋습니다. 칼자국을 내면 도안을 쉽고 예쁘게 접을 수 있습니다.

펀치

- 펀치로 구멍 뚫기

1 펀치 밑면의 커버를 분리합니다.

2 펀치를 거꾸로 뒤집어서 도안의 십자 기호에 펀치의 구멍을 정확히 맞춘 다음 구멍을 뚫습니다.

기호 안내

- 실선

―――――――――

자르는 선입니다.

- 점선 1

- - - - - - - - - - - - - - -

선이 바깥쪽으로 나오게 접는 선입니다.

※점선 1과 2는 칼등으로 살짝 그어 자국을 내야 반듯하게 접을 수 있습니다.

- 점선 2

― ― ― ― ― ― ―

선이 안쪽으로 들어가게 접는 선입니다.

- 가위 모양

잘라내는 부분입니다.

- 십자 모양

⊕

펀치로 구멍을 뚫는 부분입니다.

- 풀칠 박스

▭

풀칠하는 부분입니다.

- 알파벳

A → A'

A면에 풀칠한 뒤, A'와 붙입니다.

- 사진

| 사진 |

사진을 붙이는 부분입니다.

만들기

기초를 다 익혔다면 직접 만들어보세요.

편지와 선물을 주고 싶은 사람을 생각하며

종이를 오리고, 접고, 붙이다보면

어느새 정성이 듬뿍 담긴 편지와 선물이 완성돼요.

받는 사람도 특별한 마음을 느낄 거예요.

순도 100% 사랑 함유
음료수 선물상자

순수한 사랑만 가득 담은 음료수 선물상자를 만들어보세요.
깜찍한 빨대까지 달려있으니 단숨에 원샷할 수 있겠죠?
선물상자 옆면에 손글씨로 이름까지 예쁘게 적어주는 것도 잊지 마세요!

HOW TO MAKE

1. 실선을 따라 도안을 자르고, 점선은 칼자국을 내어 접습니다.

2. 음료수 도안의 A와 A'를 붙입니다.

3. B와 B'를 붙입니다.

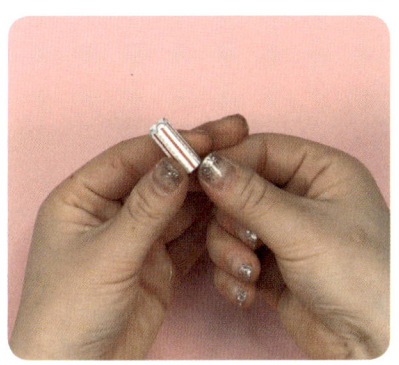

4. 빨대를 둥글게 말아 C와 C'를 붙입니다.

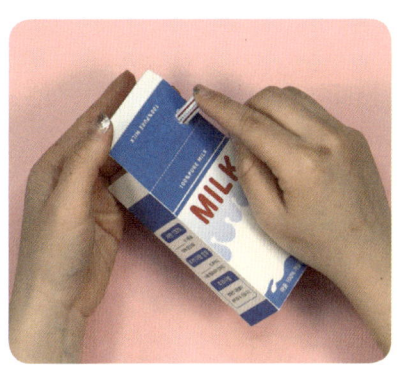

5. 빨대의 D와 음료수 윗부분의 D'를 붙입니다.

6. 음료수 안에 선물을 넣고 입구를 닫으면 완성입니다.

tip 선물상자를 입체로 만들기 전 겉면에 미리 편지를 쓰면 편하게 글씨를 쓸 수 있습니다.

밸런타인데이에는 달콤한

초콜릿&마카롱 편지지

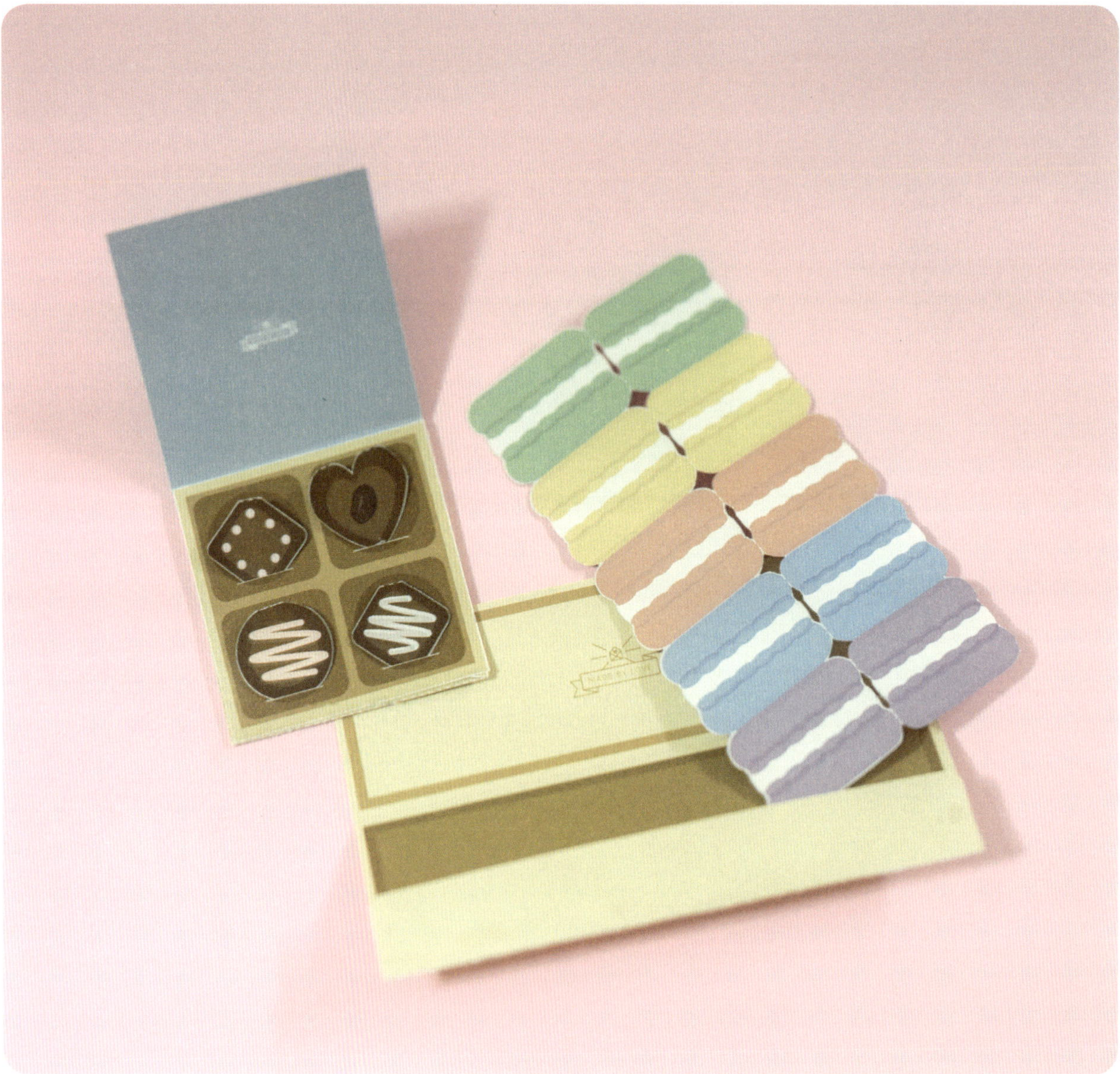

초콜릿과 마카롱 안에 달콤한 메시지를 가득 담아요!
이번 밸런타인데이에는 편지에 마음을 담아 전달해보세요.
편지를 받는 사람도 달콤한 사랑을 느낄 수 있을 거예요.

HOW TO MAKE

1. 2장의 도안 모두 실선을 따라 자르고, 초콜릿과 마카롱은 반을 접어 자릅니다. 점선은 칼자국을 내어 접습니다.

※ 초콜릿 상자의 실선에는 칼집을 냅니다.

2. 상자ⓐ의 A와 상자ⓑ의 A'를 먼저 붙입니다.

3. 상자ⓒ의 B와 상자ⓑ의 B'를 붙입니다.

4. 초콜릿 상자의 실선에 초콜릿 편지지를 끼워 넣으면 완성입니다.

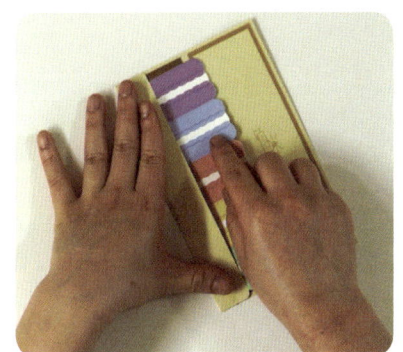

5. 상자ⓑ의 A와 상자ⓐ의 A'를 붙입니다. 뾰족한 부분이 위로 가도록 붙입니다.

6. 마카롱 상자에 마카롱 편지지를 넣으면 완성입니다.

도안 91~98p

너 한입, 나 한입

도넛 상자 편지지

귀여운 도넛 상자 안에 맛있는 도넛 편지지를 가득 담아 보세요.
도넛 편지지를 한 개씩 펼칠 때마다 색다른 기분을 느낄 수 있도록
정성을 꾹꾹 눌러 담아 편지를 쓰면 더욱 좋겠죠?

HOW TO MAKE

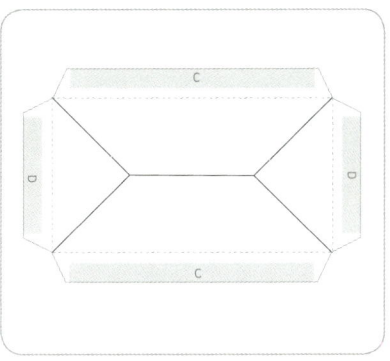

1. 4장의 도안 모두 실선을 따라 자릅니다. 도넛은 반을 접어 자르고, 상자의 가위 기호 부분도 잘라냅니다. 점선은 길자국을 내어 접습니다.

※ 상자 바닥면 안쪽의 실선은 자르지 않습니다.

2. 상자 도안의 A와 A', B와 B'를 붙입니다.

3. C와 C', D와 D'를 붙입니다.

4. 상자 안에 도넛 편지지와 선물을 넣고 상자를 닫습니다.

5. 하트 장식을 상자의 손잡이 부분에 걸어 E와 E'를 붙이면 완성입니다.

도안
99~106p

| 골라먹는 재미가 있는 |

아이스크림 편지지

무더운 여름, 달고 시원한 아이스크림이 생각나죠.
아이스크림 편지지에 마음을 담아 전달해보세요.
서둘러야 해요! 아이스크림이 다 녹아버리기 전에!

HOW TO MAKE

1. 실선을 따라 도안을 자르고, 점선은 칼자국을 내어 접습니다.

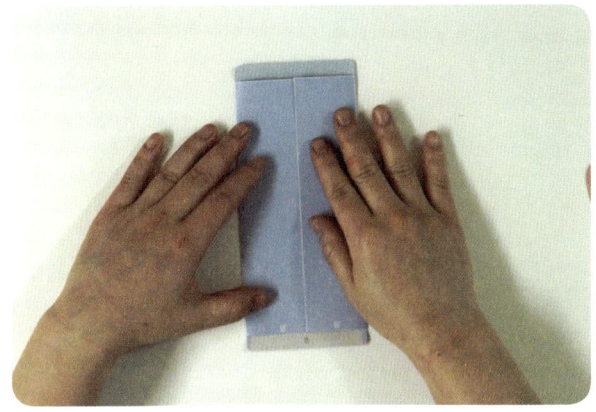

2. 봉투 도안의 A와 A'를 붙입니다.

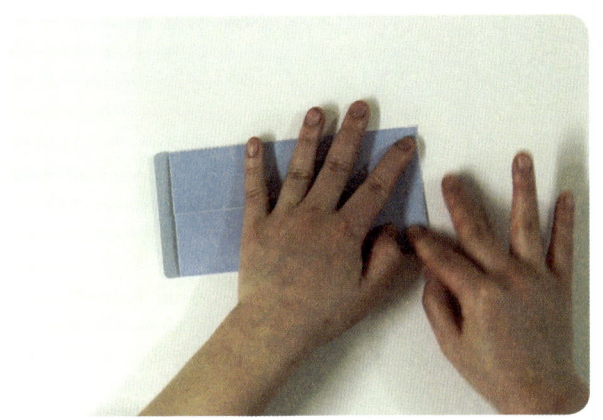

3. B와 B'를 붙입니다.

4. 아이스크림 편지지를 봉투에 넣습니다.

5. 봉투의 윗부분을 접으면 완성입니다.

도안 107~110p

딩동~ 편지 왔어요

우체통 편지지

딩동~ 빨간 우체통에 편지가 도착했대요. 과연 어떤 편지가 왔을까요?
설레는 마음으로 우체통을 조심스럽게 열어보니 날개 달린 편지지가 들어있네요.
우체통 한가득 사랑이 담겨있어 너무 행복해졌어요!

HOW TO MAKE

1. 2장의 도안 모두 실선을 따라 자르고, 점선은 칼자국을 내어 접습니다.

※ 우체통 몸통의 실선에는 칼집을 냅니다.

2. 우체통 몸통 도안의 A와 A'부터 D와 D'까지 붙입니다.

3. 몸통 옆면의 칼집에 장식의 I를 끼워 넣고 I'와 붙입니다.

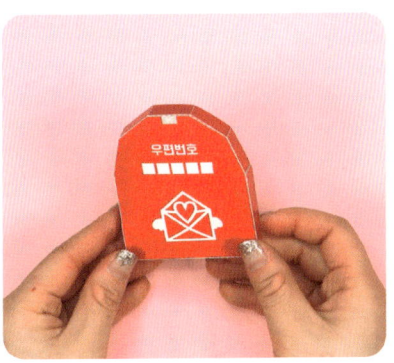

4. 우체통 뚜껑 도안의 E와 E'부터 H와 H'까지 붙입니다.

5. 손잡이의 J와 뚜껑의 J'를 붙입니다.

6. 날개 편지지 두 개를 접어서 257p의 우체통 편지지 스티커를 붙여 고정합니다.

7. 우체통에 날개 편지지와 선물을 넣고 뚜껑을 닫으면 완성입니다.

도안
111~116p

부~자 되세요!

돈다발 선물상자

수많은 선물 중에서 단연 으뜸은 아마도 현금이겠죠?
받으면 누구나 기분이 좋아지는 돈다발 선물상자를 만들어보세요.
마음만큼은 이미 부자가 되어있을 거예요.

HOW TO MAKE

1. 실선을 따라 도안을 자르고, 점선은 칼자국을 내어 접습니다.

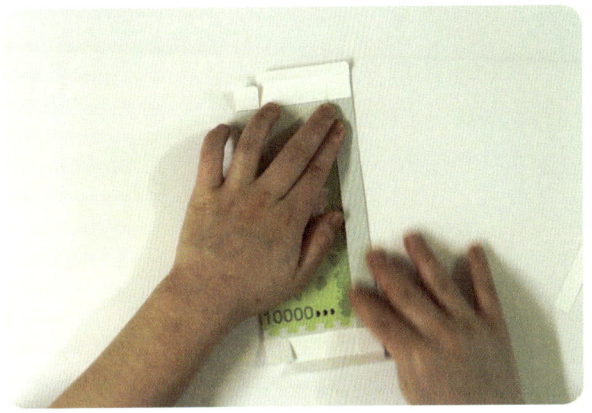

2. 돈다발 도안의 A와 A'를 붙입니다.

3. 상자의 한쪽 입구를 닫고 신용카드 편지지와 선물을 넣습니다.

4. 나머지 한쪽 입구도 닫습니다.

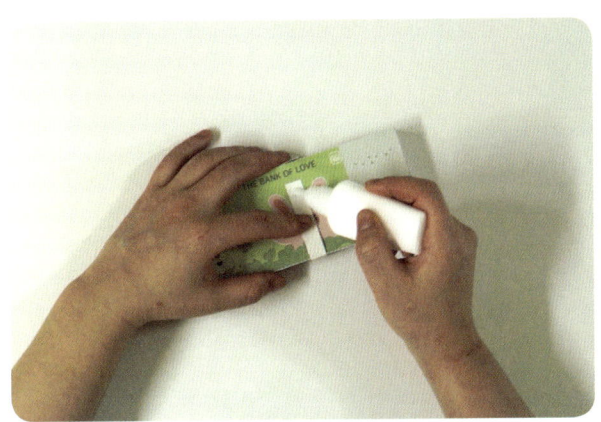

5. 흰색 띠를 상자 가운데에 감은 다음 띠의 끝부분에 풀칠해서 붙이면 완성입니다.

도안
117~122p

사랑이 입금되었습니다

통장 편지지

매일매일 사랑과 감사를 담아 마음을 차곡차곡 저금해요.
한 줄씩 정성스럽게 메시지를 쌓아 선물한다면 감동과 기쁨이 두 배로 늘어날 거예요.
그 어떤 이자보다도 뿌듯하겠죠?

HOW TO MAKE

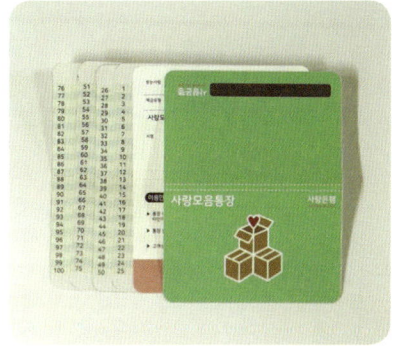 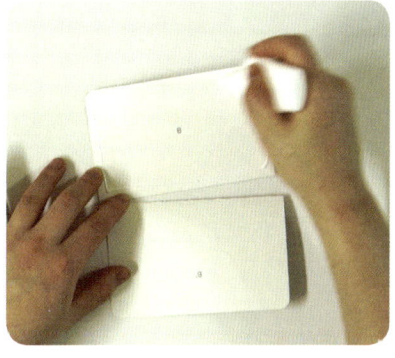 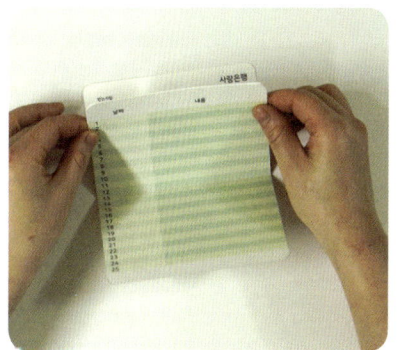

1. 3장의 도안 모두 실선을 따라 자르고, 점선은 칼자국을 내어 접습니다.

2. 통장 도안의 B가 적힌 면 가장자리와 가운데에 풀칠해서 B'와 잘 맞춰서 붙입니다.

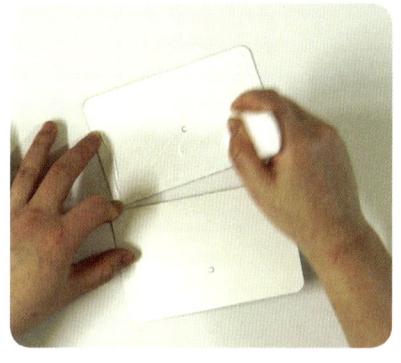 

3. 붙인 면의 아래쪽을 접어 올린 다음 C와 C'를 붙입니다. 같은 방법으로 E와 E'까지 붙입니다.

 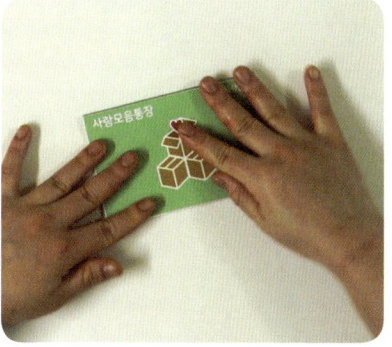

4. A와 F가 적힌 면에 전체적으로 풀칠해서 A'와 F'를 잘 맞춰서 붙이면 완성입니다.

tip 완성된 통장 편지지를 두꺼운 책 등 무거운 것으로 잠시 눌러두면 통장이 벌어지지 않고 잘 붙습니다.

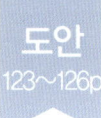

도안 123~126p

영양 듬뿍, 정성 듬뿍

샌드위치 선물상자

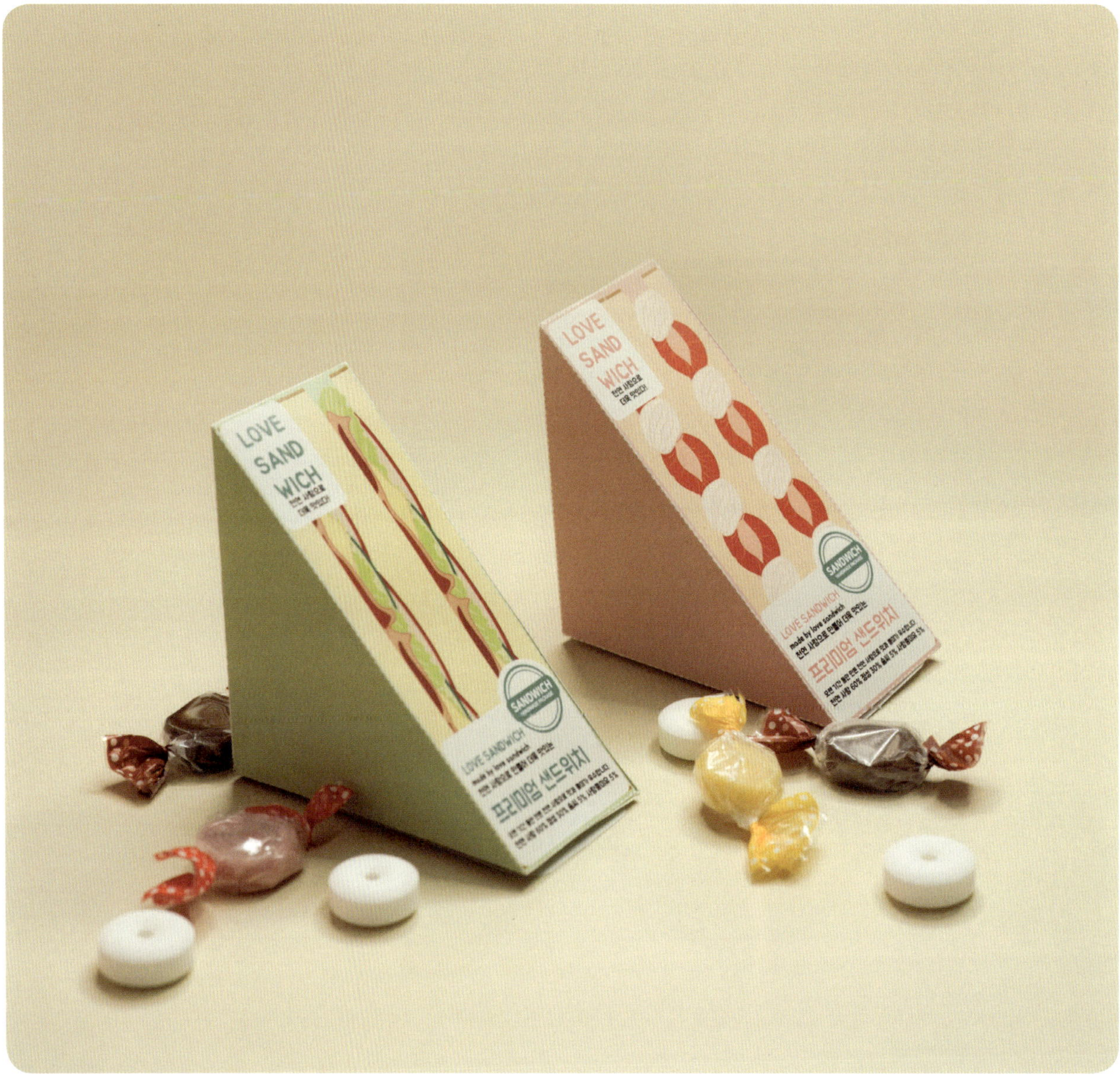

시중에서 판매하는 다른 제품들과는 비교불가!
마음에 좋은 재료로 사랑과 정성을 담아 만들었어요.
그래서 더욱 맛있는 특별한 프리미엄 샌드위치랍니다.

HOW TO MAKE

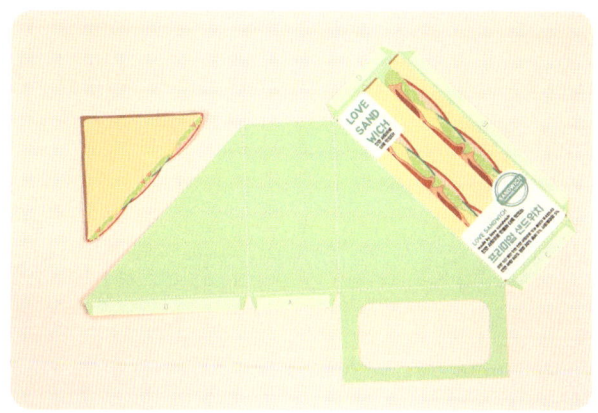

1. 실선을 따라 도안을 자르고, 상자의 가위 기호 부분도 잘라냅니다. 점선은 칼자국을 내어 접습니다.

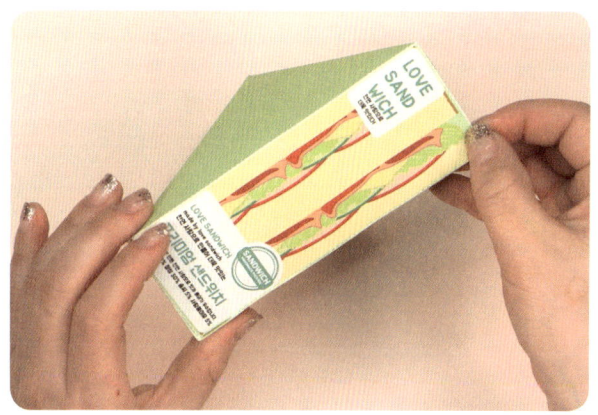

2. 샌드위치 도안의 A와 A'부터 E와 E'까지 순서대로 붙입니다.

3. 잘라낸 구멍으로 샌드위치 편지지와 선물을 넣습니다.

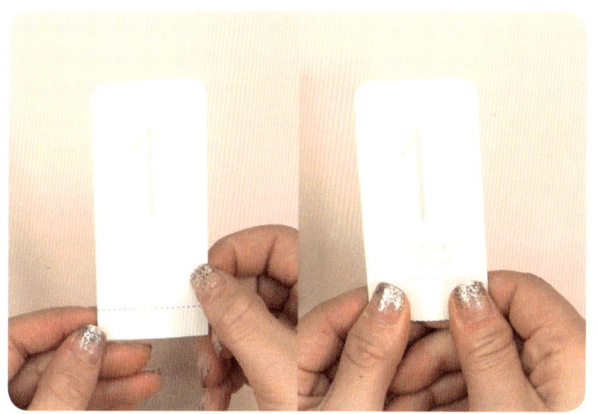

4. 257p에 있는 샌드위치 선물상자 스티커의 점선을 접어 손잡이를 만듭니다.

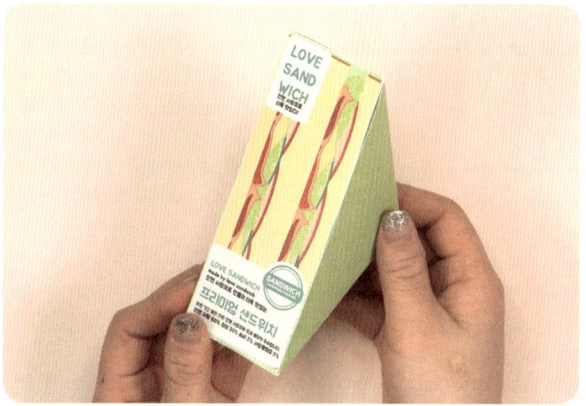

5. 스티커로 샌드위치 상자의 구멍을 막으면 완성입니다. 이때, 안쪽 스티커 접착면에 편지나 선물이 접착되지 않도록 주의합니다.

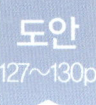
도안 127~130p

감사의 마음을 담은
감사장 편지지

귀하의 사랑과 성원에 감사드립니다.
사랑하는 부모님께 감사한 마음을 꾹꾹 눌러 담아 감사장을 드려보세요.
오늘 하루 세상에서 가장 자랑스러운 아들, 딸이 될 수 있어요.

HOW TO MAKE

1. 2장의 도안 모두 실선을 따라 자르고, 점선은 칼자국을 내어 접습니다.

2. 케이스 도안의 A와 A'를 붙입니다.

3. 감사장을 케이스에 끼우면 완성입니다.

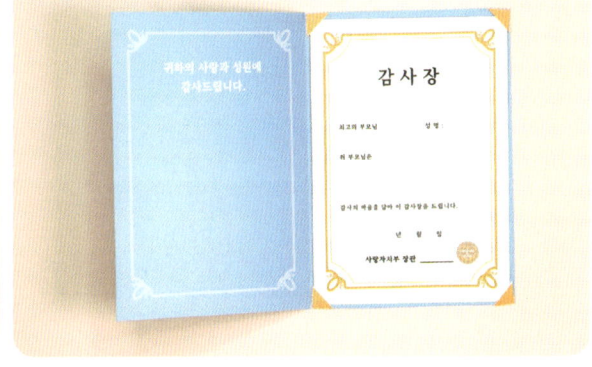

tip 감사장은 스승의 날에도 사용할 수 있습니다.
항상 선생님께 상장을 받기만 했다면, 이번 스승의 날에는 감사장을 드려보는 건 어떨까요?

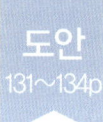

내 마음 일등공신

훈장 편지지

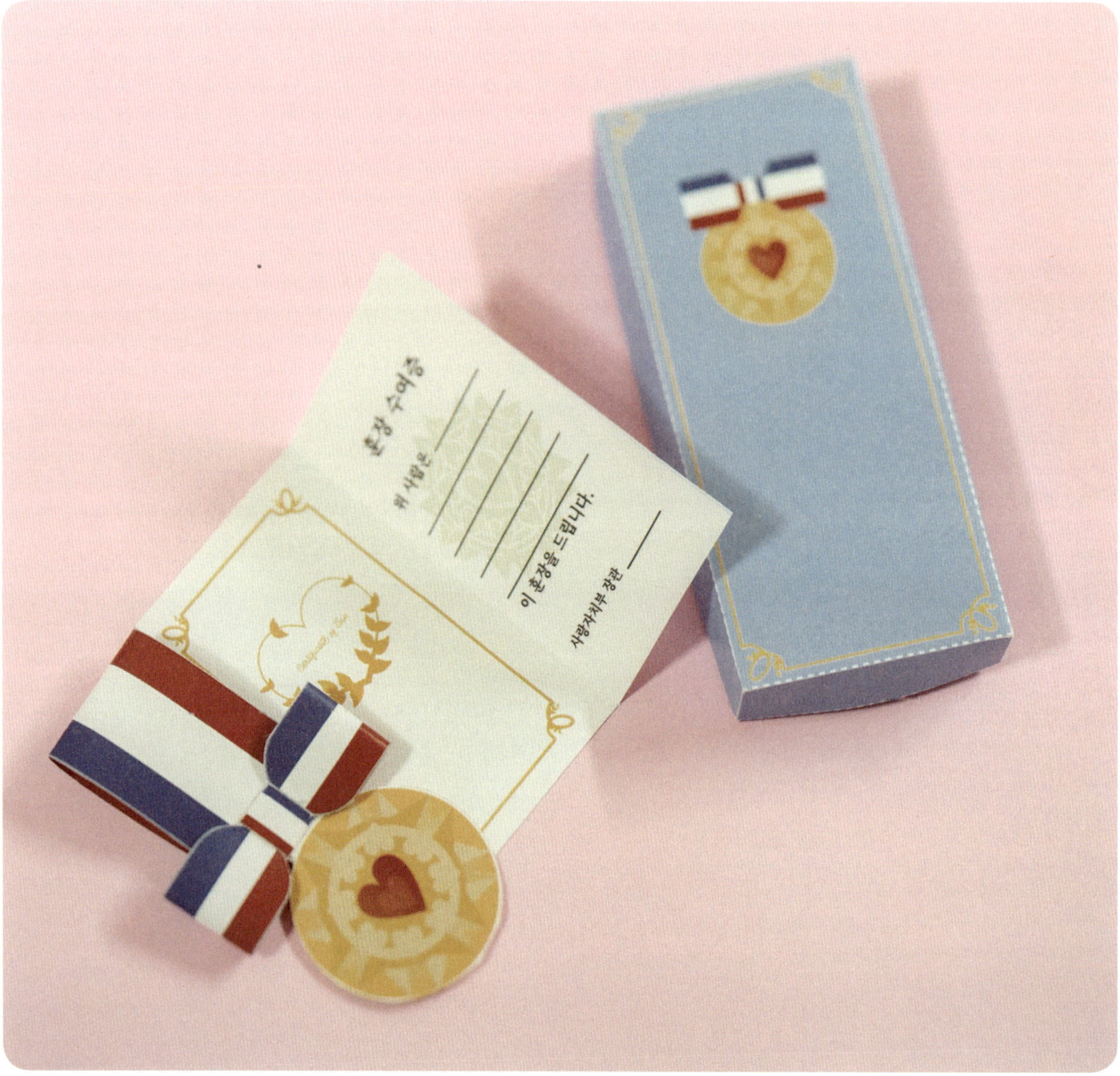

넘치는 사랑으로 내 마음에 에너지를 가득 채워준 그대에게 주는 훈장!
그대의 공로를 인정하며 이 훈장을 수여합니다.
너는 내 마음의 일등공신이야~

HOW TO MAKE

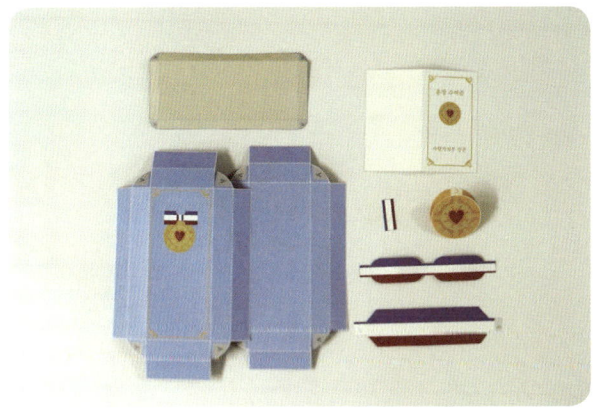

1. 2장의 도안 모두 실선을 따라 자르고, 훈장은 반을 접어 자릅니다. 점선은 칼금을 내어 접습니다.

2. 상자와 뚜껑 도안의 A와 A'부터 C와 C'까지 붙입니다.

3. 속상자 도안의 A와 A'를 붙입니다.

4. 속상자를 상자 안에 넣습니다.

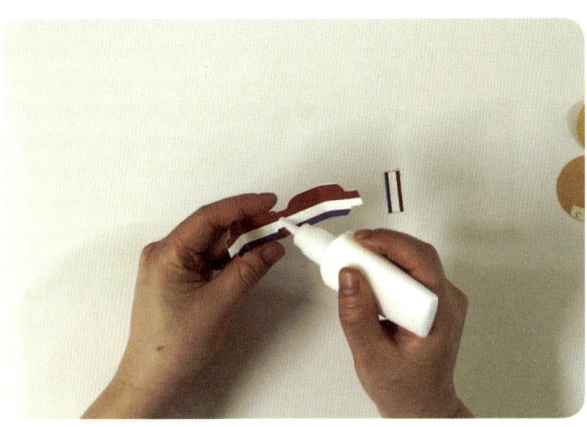

5. 리본 ⓐ의 가운데에 풀칠해서 한쪽을 오므려 붙인 다음, 가운데에 한 번 더 풀칠하고 나머지 한쪽도 오므려 붙입니다.

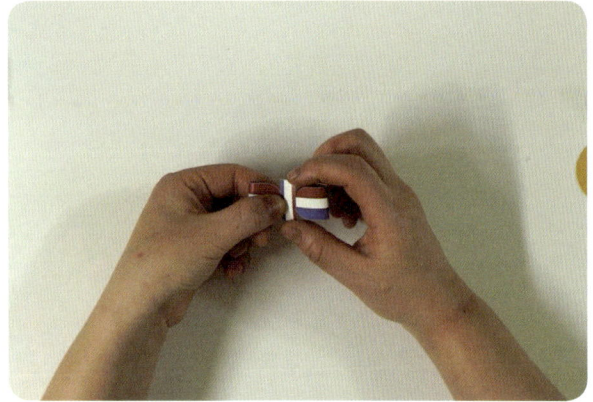

6. 리본ⓑ를 리본ⓐ의 가운데에 감아 붙입니다.

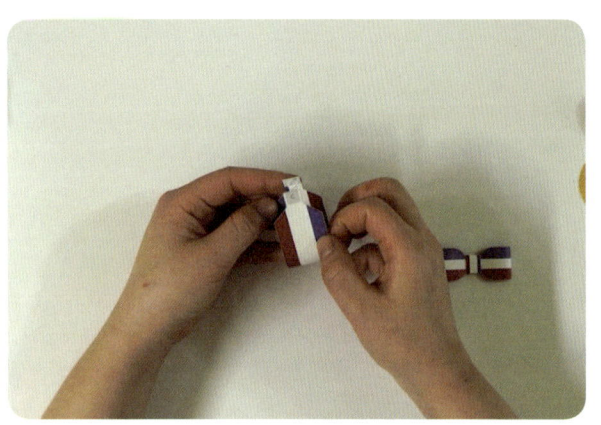

7. 리본ⓒ의 끝부분을 말아 A와 A′를 붙입니다.

8. 리본ⓒ의 B에 풀칠해서 훈장의 B′와 붙입니다.

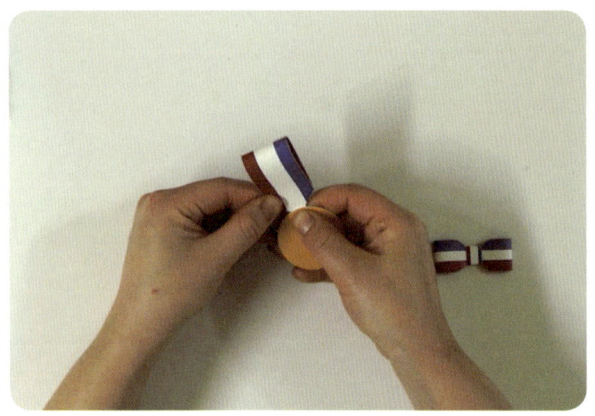

9. 훈장의 C가 적힌 면 가장자리에 풀칠해서 C′와 붙입니다.

10. 6번 과정에서 만든 리본을 훈장 위쪽에 붙입니다.

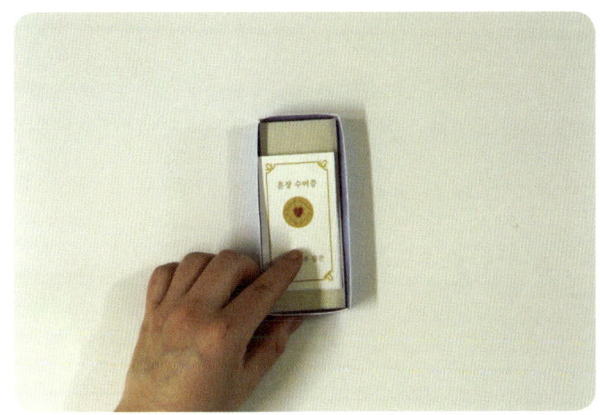

11. 상자에 훈장 수여증을 넣습니다.

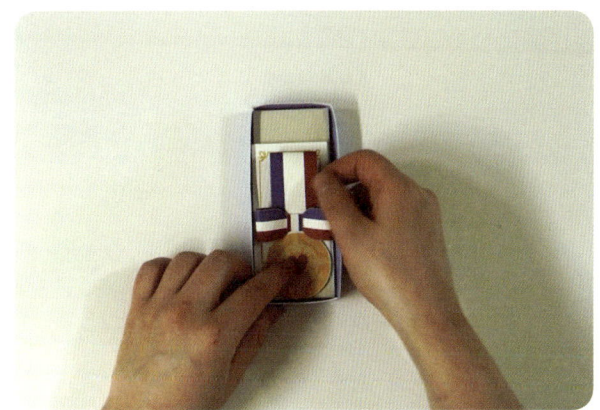

12. 훈장 수여증 위에 훈장을 넣습니다.

13. 뚜껑을 닫으면 완성입니다.

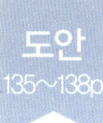

도안
135~138p

내가 너의 만병통치약
약봉투 편지지

사랑하는 사람이 아플 때만큼 걱정되고 속이 상하는 경우도 없죠.
내 사랑이 아프기 전에 미리미리 약을 처방해주는 것은 어떨까요?
만병통치약 LOVE MEDICINE이 여기 있습니다.

HOW TO MAKE

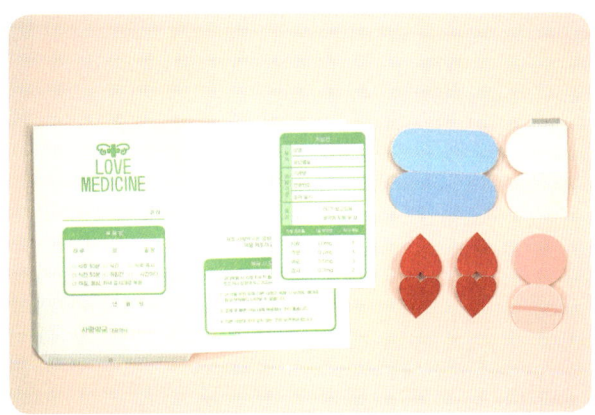

1. 2장의 도안 모두 실선을 따라 자르고, 알약과 하트는 반을 접어 자릅니다. 점선은 칼자국을 내어 접습니다.

2. 약봉투 도안의 A와 A', B와 B'를 붙입니다.

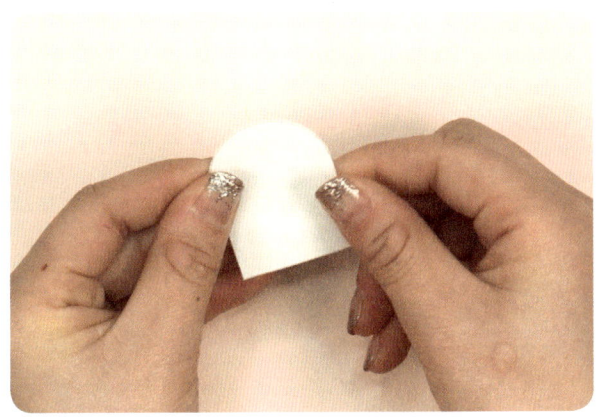
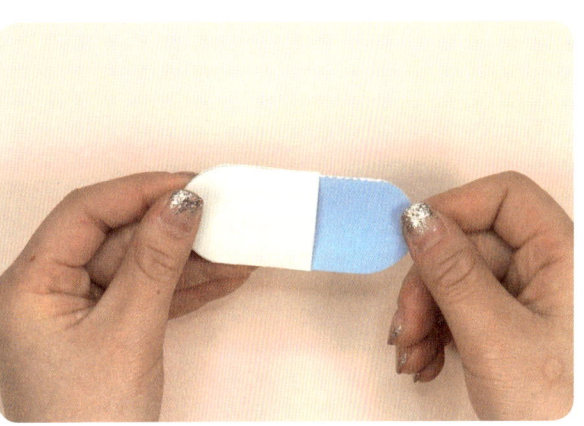

3. 흰색 알약의 C와 C'를 붙인 다음 하늘색 알약에 끼웁니다.

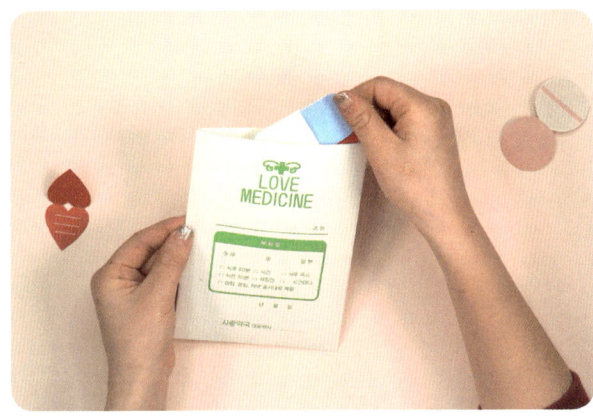
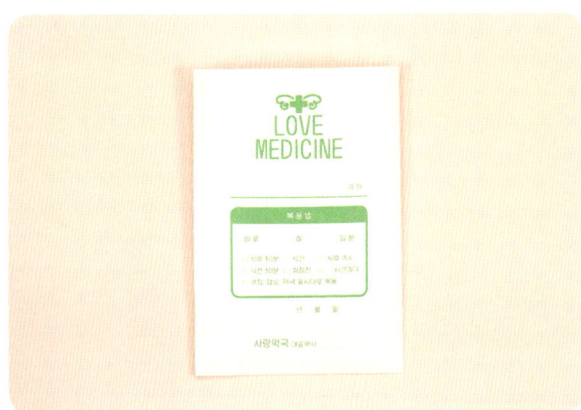

4. 약봉투에 알약 편지와 처방전 편지를 넣으면 완성입니다.

도안 139~150p

사랑해유, 감사해유, 미안해유, 보고파유

우유 선물상자

다른 건 일절 첨가하지 않고 오직 1등급 사랑만 가득 담은 우유!
사랑할 때, 감사할 때, 미안할 때, 보고플 때!
우유 한 팩에 사랑 듬뿍 선물을 담아 전해보세요.

HOW TO MAKE

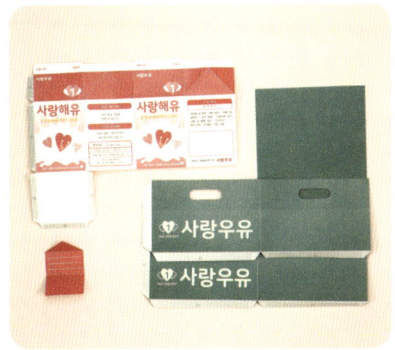 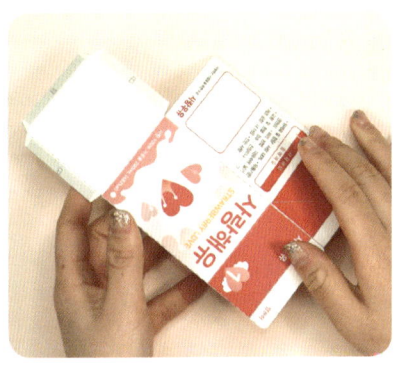 

1. 6장의 도안 모두 실선을 따라 자르고, 우유 상자의 가위 기호 부분도 잘라냅니다. 접선은 칼자국을 내어 접습니다.

2. 우유팩 도안의 A와 A', B와 B'를 붙입니다.

 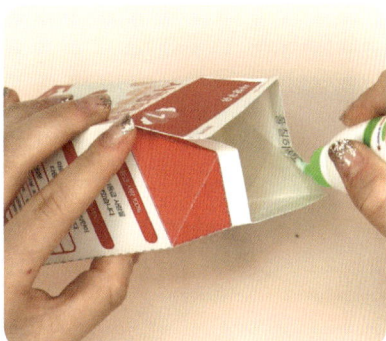 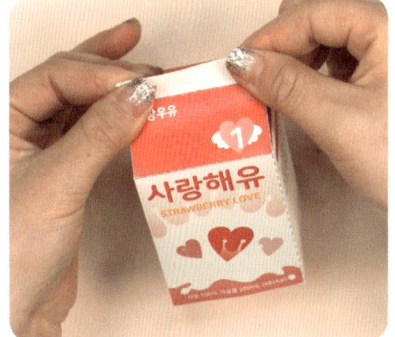

3. 우유팩 안에 편지와 선물을 넣고 입구 안쪽에 풀칠한 다음, 잘 붙을 때까지 손으로 잡아 고정합니다. 같은 방법으로 우유팩 세 개를 더 만듭니다.

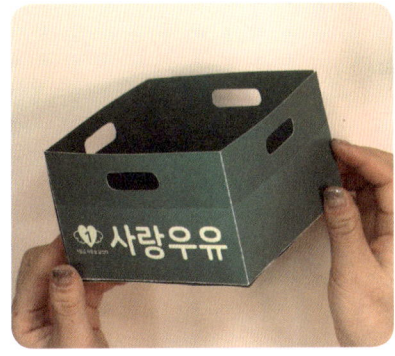 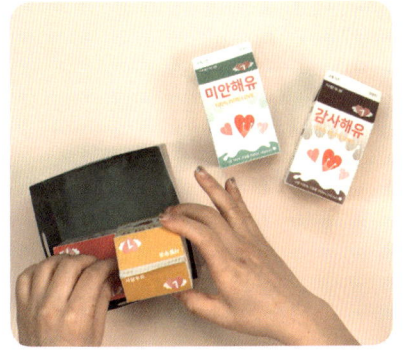

4. 우유 상자 도안의 C와 C', D와 D'를 붙입니다.

5. 우유 상자 안에 우유팩 네 개를 넣으면 완성입니다.

도안
151~156p

두근두근, 뭐가 들어있을까?

택배 선물상자

택배상자를 뜯어보는 것만큼 두근거리는 일이 또 있을까요?
설레며 택배를 뜯어볼 상대방을 생각하면서 알차게 채워보세요.
사랑을 듬뿍 담은 사랑택배는 물론 귤상자와 사과상자도 있답니다.

HOW TO MAKE

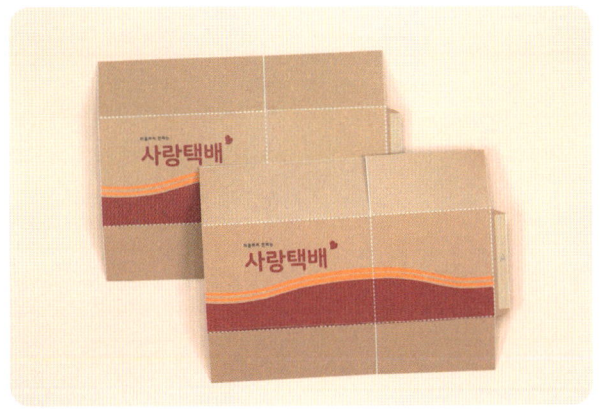

1. 실선을 따라 도안을 자르고, 점선은 칼자국을 내어 접습니다.

2. 상자 도안의 A와 A', B와 B'를 붙입니다.

3. 상자의 아랫면을 접은 다음 257p의 택배 선물상자 테이프 스티커 하나를 붙입니다.

4. 상자 안에 선물을 넣고 윗면을 접은 다음, 테이프 스티커를 하나 더 붙여 열리지 않도록 고정합니다.

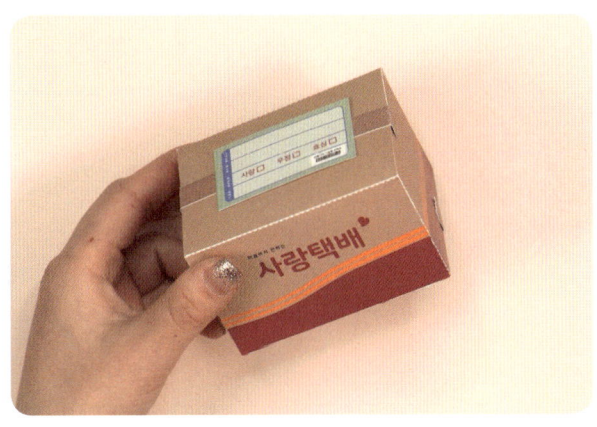

5. 그 위에 운송장 스티커를 붙이면 완성입니다.

> **tip** 테이프 스티커 대신 마스킹 테이프를 붙여도 예쁩니다.

도안
157~160p

용기 내어 고백하는 날

빼빼로데이 편지지

빼빼로데이에 평범한 빼빼로는 이제 그만! 이제부터는 럽빼로가 여러분의 사랑을 응원합니다.
빼빼로 편지지에 한 마디씩 적어 사랑을 표현해보세요.
럽빼로 한 상자면 고백 성공률 100%랍니다.

HOW TO MAKE

1. 2장의 도안 모두 실선을 따라 자르고, 점선은 칼자국을 내어 접습니다.

2. 상자 도안의 A와 A'를 붙입니다.

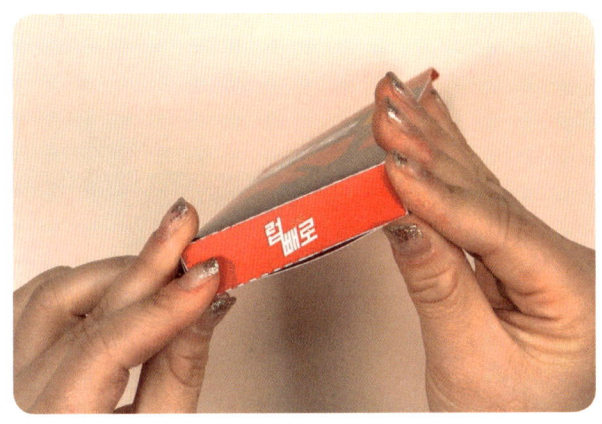

3. B와 B'를 붙입니다. 붙이기 어려우면 상자 안쪽에 긴 자를 넣어서 지지대로 사용합니다.

4. 봉투 도안의 A와 A', B와 B'를 붙입니다.

5. 빼빼로 편지지를 봉투 안에 넣습니다.

6. 상자 안에 봉투와 선물을 넣고 입구를 닫으면 완성입니다.

도안
161~166p

크래커는 커피에 퐁당, 나는 너에게 퐁당

크래커 편지지

크래커를 커피에 퐁당 찍어 먹으면 정말 맛있죠!
귀여운 크래커 편지지에 담백한 마음을 담아 표현해보세요.
편지를 받는 사람도 나에게 퐁당 빠져버릴지 몰라요.

HOW TO MAKE

1. 3장의 도안 모두 실선을 따라 자르고, 크래커는 반을 접어 자릅니다. 섬선은 칼사국을 내어 접습니다.

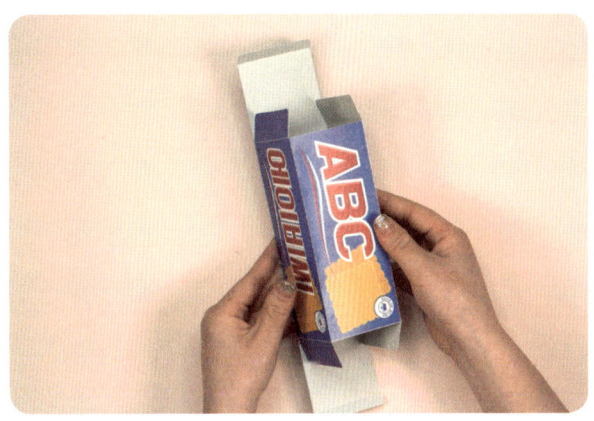

2. 상자 도안의 A와 A', B와 B'를 붙입니다.

3. 상자의 한쪽 입구를 닫은 다음 크래커 편지지와 선물을 넣습니다.

4. 나머지 한쪽 입구를 닫으면 완성입니다.

tip 편지지를 입체로 만들기 전 겉면에 미리 편지를 쓰면 편하게 글씨를 쓸 수 있습니다.

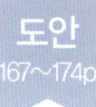

도안
167~174p

24시간 사랑 편의점

삼각김밥&감자칩 편지지

24시간 열려 있는 사랑 편의점입니다.
맛있는 사랑·우정만땅 삼각김밥과 허니버터우정 감자칩!
속도 든든, 마음도 든든해질 거예요.

HOW TO MAKE

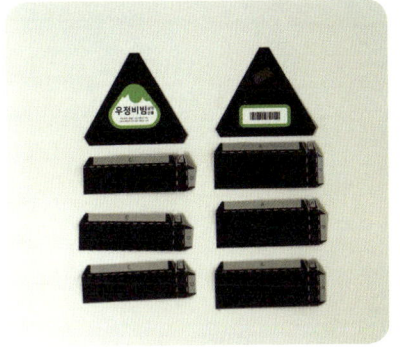
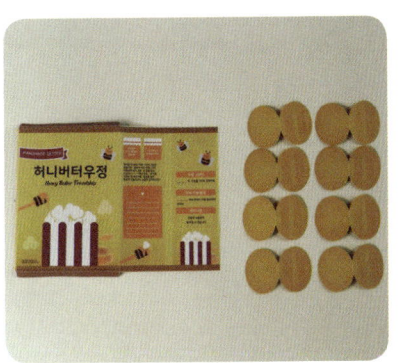

1. 4장의 도안 모두 실선을 따라 자르고, 점선은 칼자국을 내어 접습니다.

2. 삼각김밥 상자와 뚜껑 도안의 A와 A'부터 C와 C', D와 D'부터 F와 F'까지 순서대로 붙입니다.

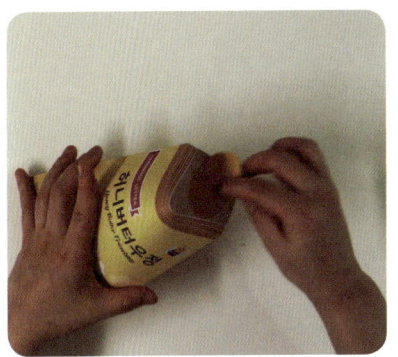

3. 삼각김밥 상자에 선물을 넣고 뚜껑을 닫으면 완성입니다.

4. 감자칩 봉투 도안의 A와 A', B와 B'를 붙입니다.

5. 감자칩 편지지를 봉투에 넣습니다.

6. 봉투의 윗부분을 접으면 완성입니다.

특별한 날을 더욱 빛내줄

케이크 선물상자

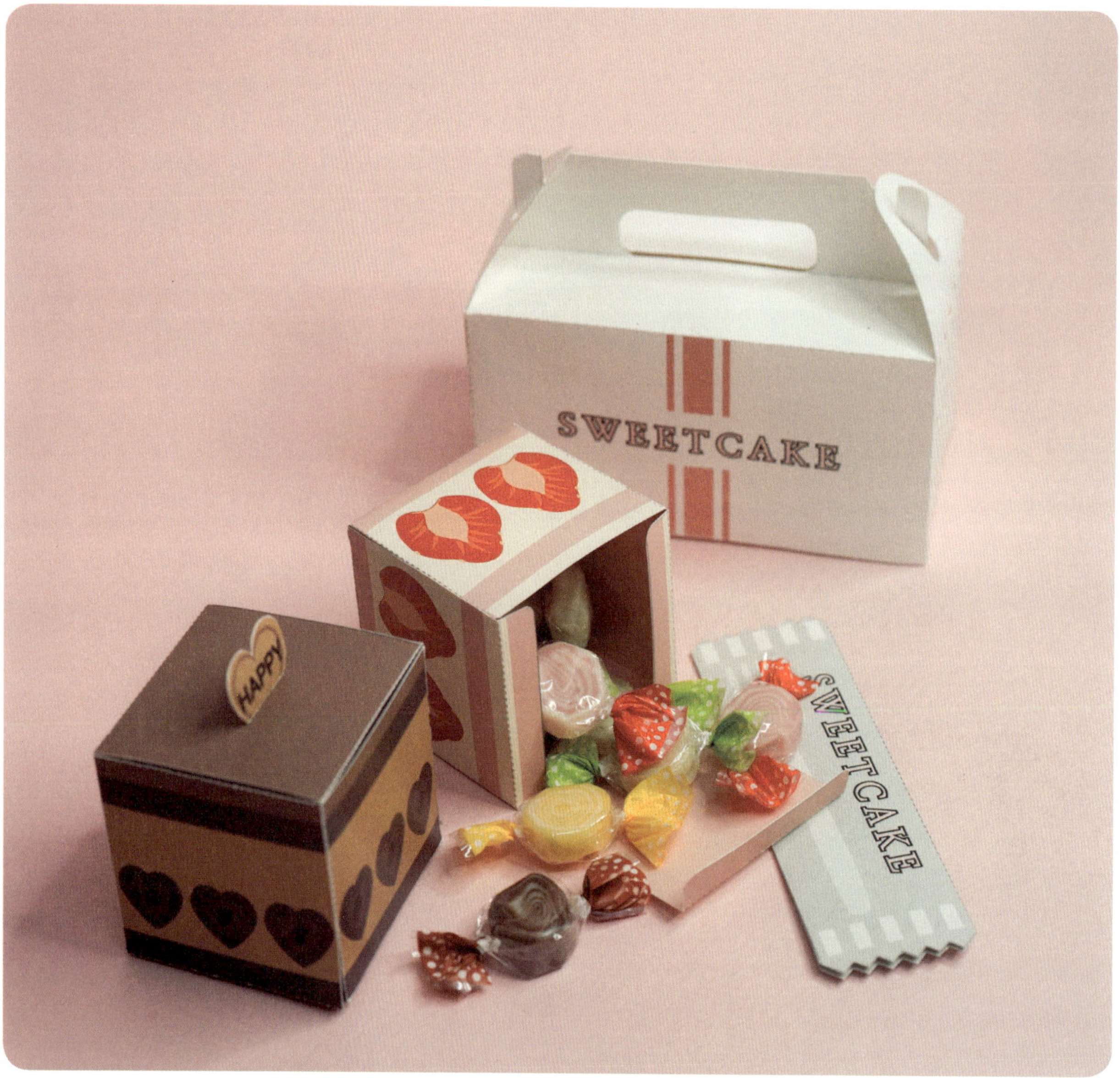

특별한 날에 케이크가 빠지면 섭섭하죠!
달달한 딸기 케이크와 진한 초코 케이크 안에 설레는 마음을 가득 담아보세요.
여러분의 특별한 날을 더욱 빛나게 해줄 거예요. 살은 안찌니까 걱정 마세요~

HOW TO MAKE

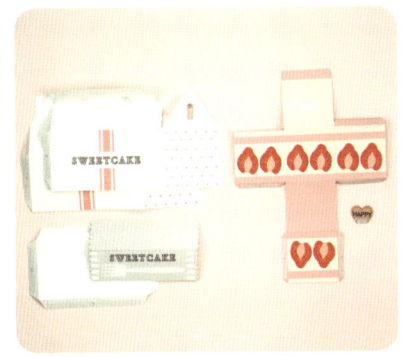

1. 5장의 도안 모두 실선을 따라 자릅니다. 포크는 반을 접어 자르고, 상자의 가위 기호 부분도 잘라냅니다. 점선은 칼자국을 내어 접습니다.

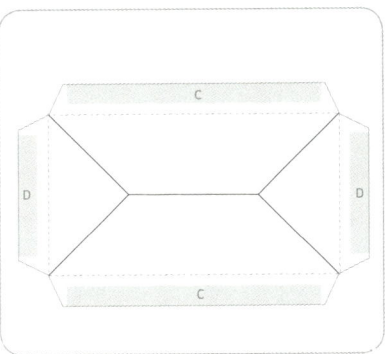

※ 상자 바닥면 안쪽의 실선은 자르지 않습니다.

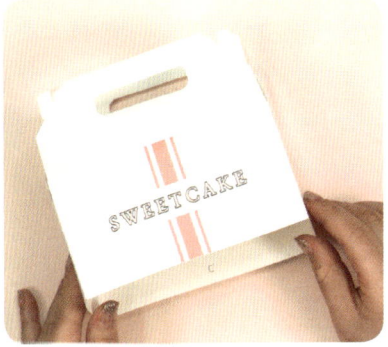

2. 상자 도안의 A와 A', B와 B'를 붙입니다.

3. C와 C', D와 D'를 붙입니다.

4. 조각 케이크 도안의 A와 A', B와 B'를 붙입니다.

5. 조각 케이크 안에 선물을 넣고 입구를 닫은 다음, 장식의 C를 케이크 윗면의 C'에 붙입니다. 같은 방법으로 조각 케이크를 하나 더 만듭니다.

6. 상자 안에 조각 케이크 두 개와 포크 편지를 넣은 다음 상자를 닫으면 완성입니다.

도안 185~200p

푸짐한 나의 사랑에 배부를 거야

햄버거 세트 편지지

사랑이 듬뿍 들어간 햄버거 세트 메뉴 나왔습니다!
맛있는 햄버거와 감자튀김, 시원한 콜라까지 모두 담았어요.
이렇게 푸짐한 사랑을 먹는다면 영원히 배고프지 않을 것 같아요.

HOW TO MAKE

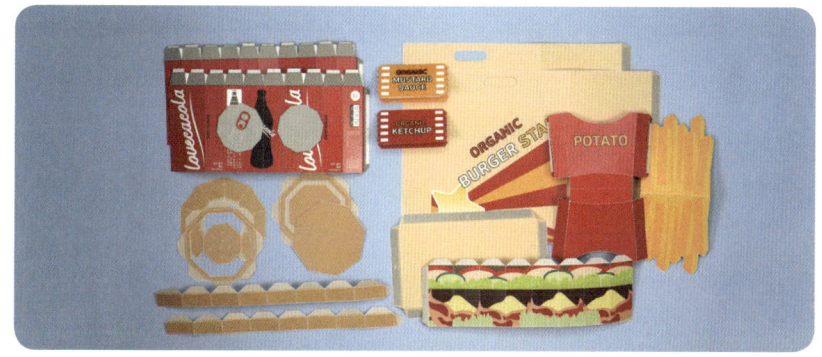
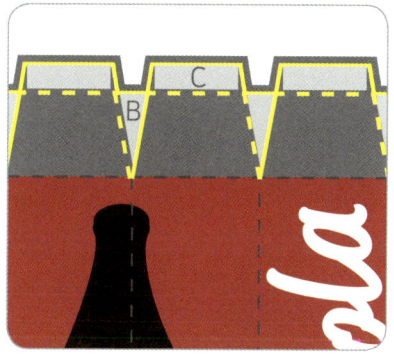

1. 8장의 도안 모두 실선을 따라 자릅니다. 감자튀김과 소스는 반을 접어 자르고, 햄버거의 가위 기호 부분도 잘라냅니다. 점선은 칼자국을 내어 접습니다. 이때 각각의 도안이 섞이지 않도록 주의합니다.

※ 콜라 도안을 자를 때에는 실선과 점선을 잘 구분하여 자릅니다.

2. 감자튀김 상자 도안의 A와 A'를 붙입니다.

3. 감자튀김 편지지를 상자에 넣으면 완성입니다.

4. 햄버거 도안을 준비합니다.

5. A와 A', B와 B'를 붙입니다.

6. C와 C', D와 D'를 붙입니다.

7. E와 E'를 붙여 햄버거 뚜껑을 만듭니다.

8. 햄버거 바닥 도안의 F와 F', G와 G'를 붙입니다.

9. H와 H'를 붙여 햄버거 바닥을 만듭니다.

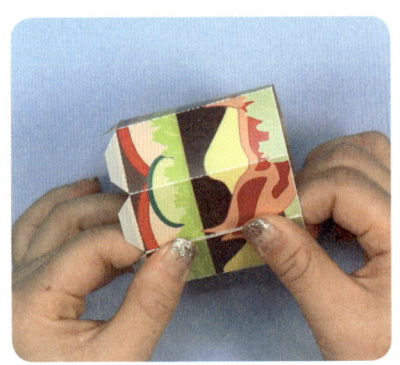

10. 햄버거 몸통 도안의 I와 I'를 붙입니다.

11. 햄버거 바닥의 J'에 햄버거 몸통의 J를 붙입니다.

12. 선물을 넣고 햄버거 뚜껑을 덮으면 완성입니다.

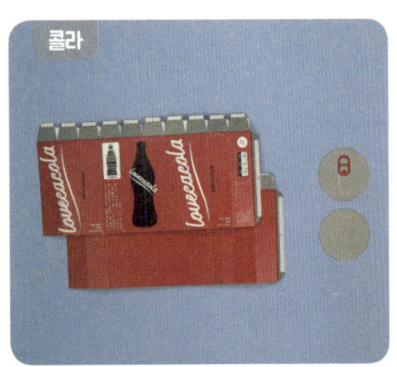

13. 콜라 도안을 준비합니다.

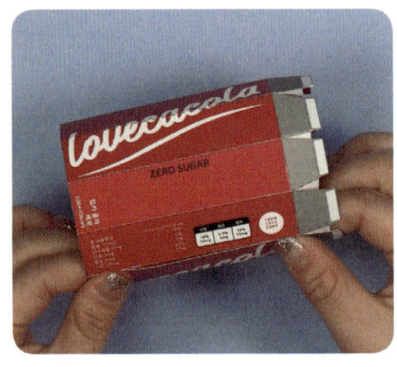

14. 콜라 몸통ⓐ 도안의 A와 A'를 붙입니다.

15. B에 풀칠해서 안쪽의 B'에 붙입니다.

16. 콜라 몸통의 C와 콜라 윗면의 C'를 붙입니다. 같은 방법으로 콜라 몸통ⓑ도 만듭니다.

17. 콜라 안에 선물을 넣고 닫으면 완성입니다.

18. 햄버거 봉투 도안의 A와 A', B와 B'를 붙입니다.

19. C와 C', D와 D'를 붙이면 완성입니다.

20. 봉투 안에 미리 만들어둔 감자튀김, 햄버거, 콜라와 소스 편지를 넣으면 완성입니다.

열면 열수록 사랑이 넘쳐요

팝업 편지지

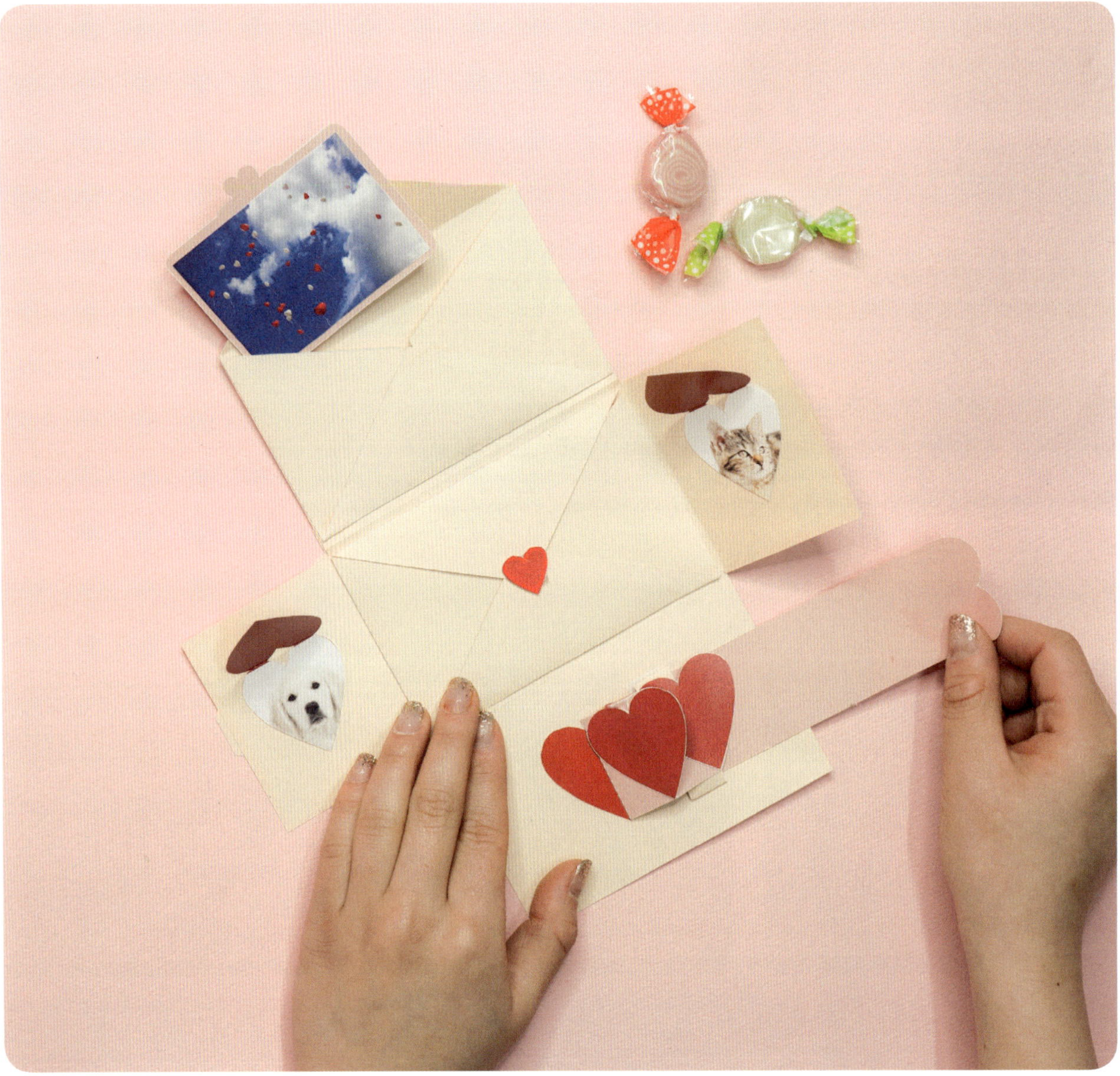

하나하나 열 때마다 사랑이 튀어나오는 팝업 편지지예요.
사진과 편지지에 마음을 꾹꾹 눌러 담아 만들어보세요.
너무 넘치도록 담아서 여기저기서 하트가 뿅뿅 튀어나올지도 몰라요.

HOW TO MAKE

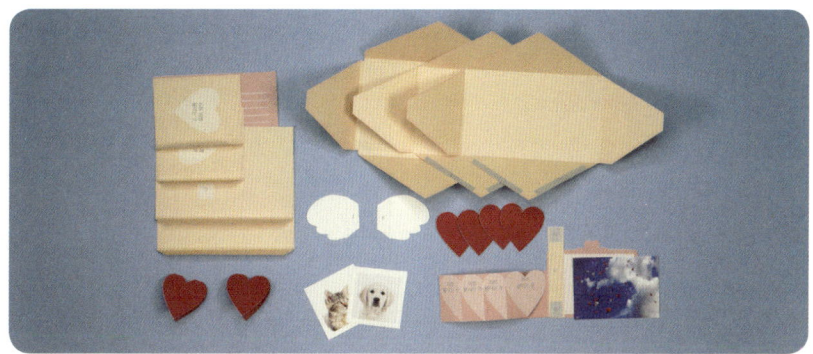

1. 6장의 도안 모두 실선을 따라 자르고, 하트 앨범은 반을 접어 자릅니다. 점선은 칼자국을 내어 접습니다. 그리고 4×4cm 크기의 사진 두 장과 7.5×5cm 크기의 사진 한 장, 총 세 장을 준비합니다.

 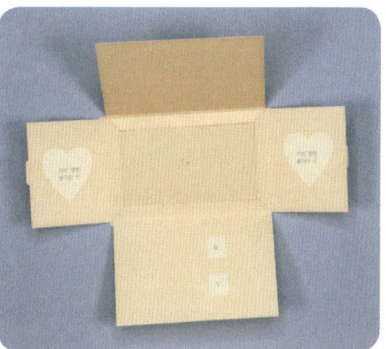 

2. 편지 봉투 몸통 도안에 A와 A'부터 D와 D'까지 붙입니다.

3. 슬라이드ⓐ 도안의 J'에 하트의 J를 맞춰서 오른쪽부터 순서대로 붙입니다.

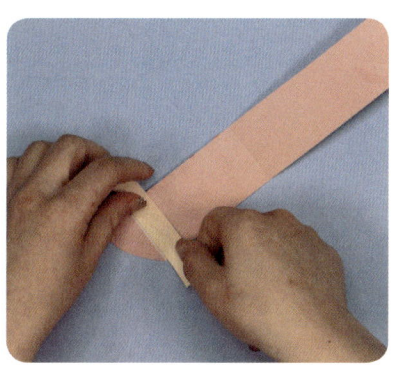 

4. 슬라이드ⓐ 도안의 뒷면 H와 슬라이드ⓑ 도안의 H'를 붙입니다.

5. 슬라이드ⓐ를 반으로 접은 다음, 슬라이드ⓑ의 G를 편지 봉투 몸통의 G'에 붙입니다.

6. 4×4cm 크기의 사진과 하트 앨범을 준비합니다. 사진이 4×4cm 보다 클 경우에는 사진에 4×4cm 크기 만큼 표시한 뒤 윗면을 자릅니다.

7. 사진을 하트 앨범에 붙입니다.

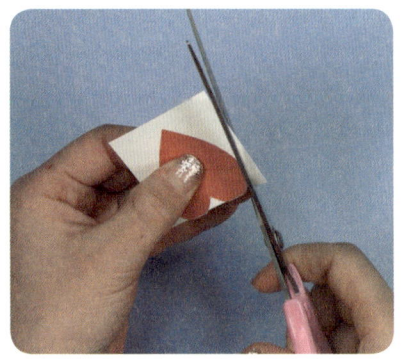

8. 하트 앨범을 접은 다음 하트 앨범의 테두리를 따라서 사진의 튀어나온 부분을 자릅니다. 같은 방법으로 하트 앨범을 하나 더 만듭니다.

9. 완성한 하트 앨범 두 개의 K를 편지 봉투 몸통의 K'에 붙입니다.

10. 편지 봉투 도안의 I와 I'를 붙여 편지 봉투 두 개를 만듭니다.

11. 편지 봉투의 E, F를 편지 봉투 몸통의 E', F'에 각각 붙입니다.

12. 7.5×5cm 크기의 사진을 네모 앨범에 붙인 다음, 위쪽의 편지 봉투에 넣습니다.

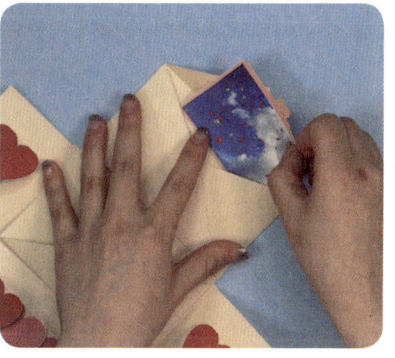

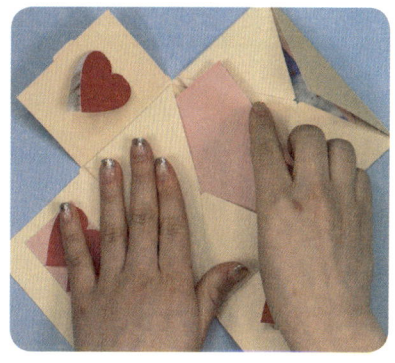

13. 편지지를 가운데의 편지 봉투에 넣습니다.

14. 257p의 팝업 편지지 스티커를 편지 봉투 두 개에 붙여 열리지 않도록 고정합니다.

15. 편지 봉투 몸통의 네 면을 양옆, 아래, 위 순으로 모아 접습니다.

16. 편지 봉투 가운데에 스티커를 붙여 열리지 않도록 고정합니다.

17. 편지를 뒤집어 L과 L′, M과 M′를 붙여 날개를 만들면 완성입니다.

도안 213~224p

내 마음 꼭꼭 담은

상자 편지지

예쁜 선물상자 속에 마음을 꼭꼭 눌러 담아보세요.
추억이 가득 담긴 사진과 편지, LOVE 쿠폰까지 푸짐하답니다.
작은 선물도 함께 넣으면 감동 2배!

HOW TO MAKE

1. 6장의 도안 모두 실선을 따라 자르고, 앨범ⓐ의 가위 기호 부분도 잘라냅니다. 5×4.5cm 크기의 사진 8장과 5×3.5cm 크기의 사진을 2~6장 정도 준비합니다.

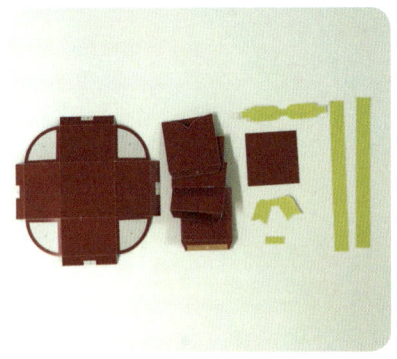  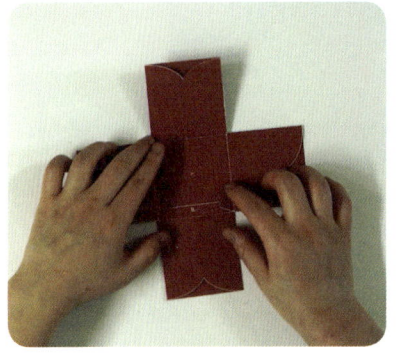

2. 상자ⓐ와 뚜껑, 리본 도안을 준비합니다.

3. 상자ⓐ 옆면 도안의 B와 B′, C와 C′를 붙입니다.

4. 상자ⓐ 바닥 도안의 A′에 상자ⓐ 옆면 도안의 A를 붙입니다.

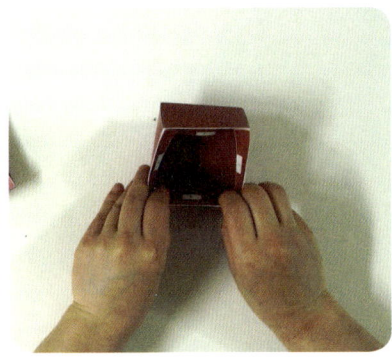 

5. 상자 뚜껑 도안의 D와 D′, E와 E′를 붙입니다.

6. 리본ⓓ의 한쪽 F에 풀칠해서 상자 뚜껑 F′에 붙입니다.

7. 상자 뚜껑을 따라 리본을 감고 나머지 한 쪽 F에도 풀칠해서 반대쪽 F'에 붙입니다. 나머지 리본도 같은 방법으로 붙입니다.

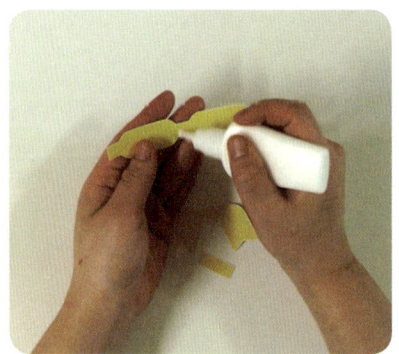

8. 리본ⓐ의 가운데에 풀칠해서 한쪽을 오므려 붙인 다음, 가운데에 한 번 더 풀칠하고 나머지 한쪽도 오므려 붙입니다.

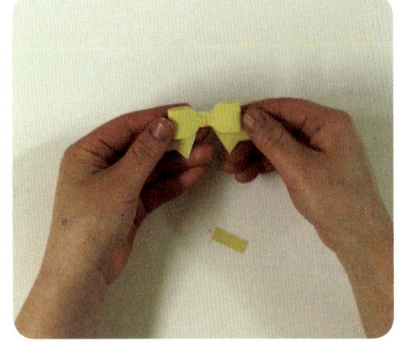

9. 리본ⓑ를 리본ⓐ의 뒤쪽에 가운데를 맞춰서 붙입니다.

10. 리본ⓒ를 리본의 가운데를 감아 붙입니다.

11. 완성된 리본을 상자 뚜껑 가운데에 붙입니다.

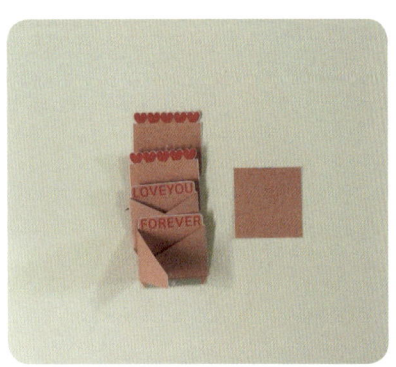

12. 상자ⓑ 도안을 준비합니다.

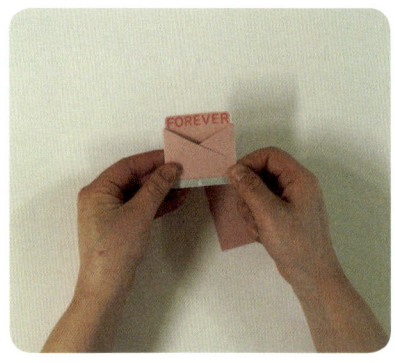

13. 상자ⓑ 옆면 도안의 G와 G', H와 H'를 순서대로 붙입니다.

14. 상자ⓑ 바닥 도안의 I'와 J'에 맞춰서 상자ⓑ 옆면 도안의 I와 J를 붙입니다.

66

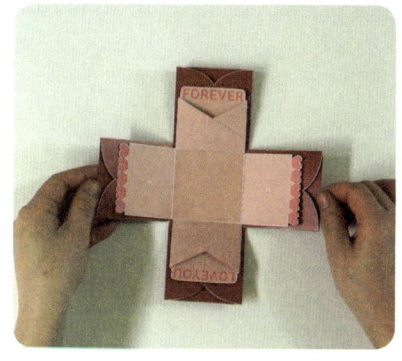

15. 상자ⓐ 바닥 도안의 L'에 상자ⓑ 바닥 도안의 L을 가운데에 맞춰서 붙입니다.

16. 나머지 도안을 준비합니다.

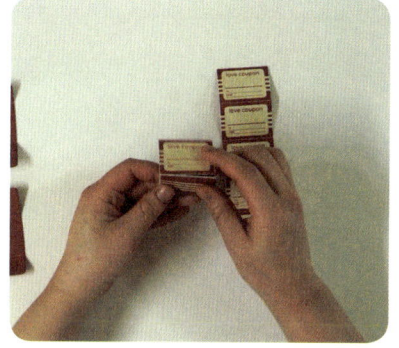

17. 쿠폰ⓐ를 점선을 따라 지그재그로 접습니다.

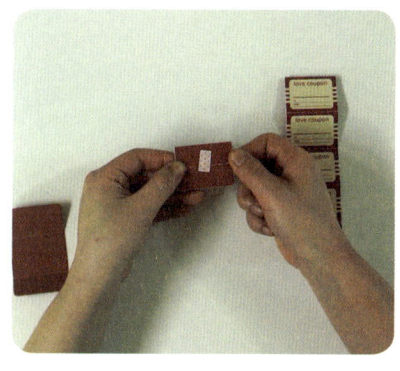

18. 쿠폰ⓑ에 쿠폰ⓐ를 넣은 다음 257p의 상자 편지지 스티커를 붙여 열리지 않도록 고정합니다.

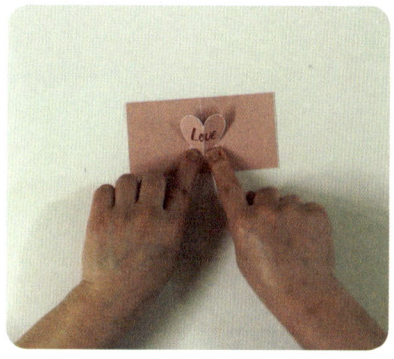

19. 하트의 A를 하트 카드의 A'에 맞춰서 붙인 다음, 257p의 하트 스티커를 붙여 꾸며 줍니다.

20. 앨범ⓐ에 5×4.5cm 크기의 사진 8장을 붙입니다.

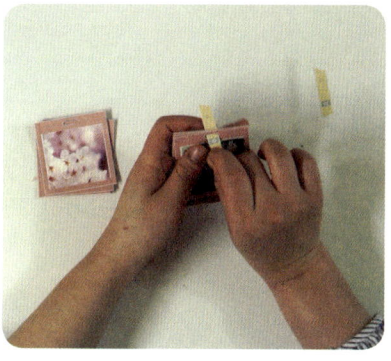

21. 앨범ⓐ 네 장을 모은 다음 앨범ⓑ를 구멍에 끼워 넣습니다.

22. 앨범ⓑ의 A에 풀칠한 다음 끝을 오므려 A'와 붙입니다. 같은 방법으로 나머지 앨범도 만듭니다.

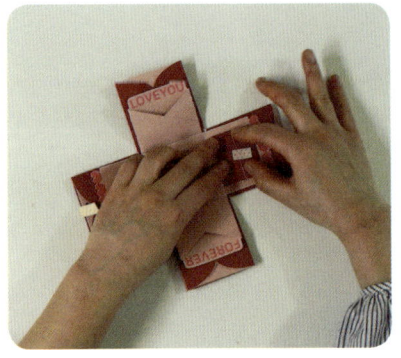

23. 상자ⓐ의 옆면에 편지지, 하트 카드, 앨범 두 개를 각각 넣습니다.

24. 상자ⓑ의 K'에 쿠폰ⓑ의 K를 각각 붙입니다.

25. 상자ⓑ의 나머지 두 면에는 5×3.5cm 크기의 사진을 넣습니다.

26. 상자의 네 면을 오므린 다음 가운데에 선물을 넣습니다.

27. 상자 뚜껑을 닫으면 완성입니다.

도안
225~228p

사랑이 펑! 펑!

수류탄 선물상자

모두 조심하세요~!
사랑이 펑펑 터지는 수류탄 선물상자예요.
받는 사람이 깜짝 놀랄만큼 마음을 가득 담아보세요.

HOW TO MAKE

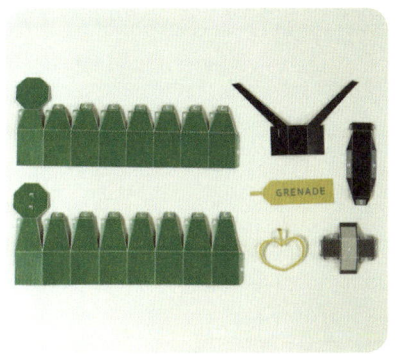

1. 2장의 도안 모두 실선을 따라 자르고, 하트 안전핀의 가위 기호 부분도 잘라냅니다. 점선은 칼자국을 내어 접습니다.

※ 수류탄 손잡이ⓐ의 실선에는 칼집을 냅니다.

2. 수류탄 뚜껑ⓐ와 수류탄 몸통 도안의 A와 A'부터 C와 C'까지 순서대로 붙입니다.

3. 수류탄 뚜껑ⓑ의 D와 D'를 붙입니다.

4. 수류탄 뚜껑ⓑ의 E와 수류탄 뚜껑ⓐ의 E'를 붙입니다.

5. 수류탄 손잡이ⓐ와 ⓑ의 G와 G'부터 I와 I'까지 순서대로 붙입니다.

6. 수류탄 손잡이의 칼집에 안전핀 끝부분을 끼워 넣습니다.

7. 수류탄 뚜껑ⓑ의 F와 수류탄 손잡이의 F'를 붙입니다.

8. 수류탄 선물상자에 선물을 넣고 뚜껑을 닫은 다음 257p의 수류탄 선물상자 스티커를 붙이면 완성입니다.

밀어서 잠금 해제

핸드폰 편지지

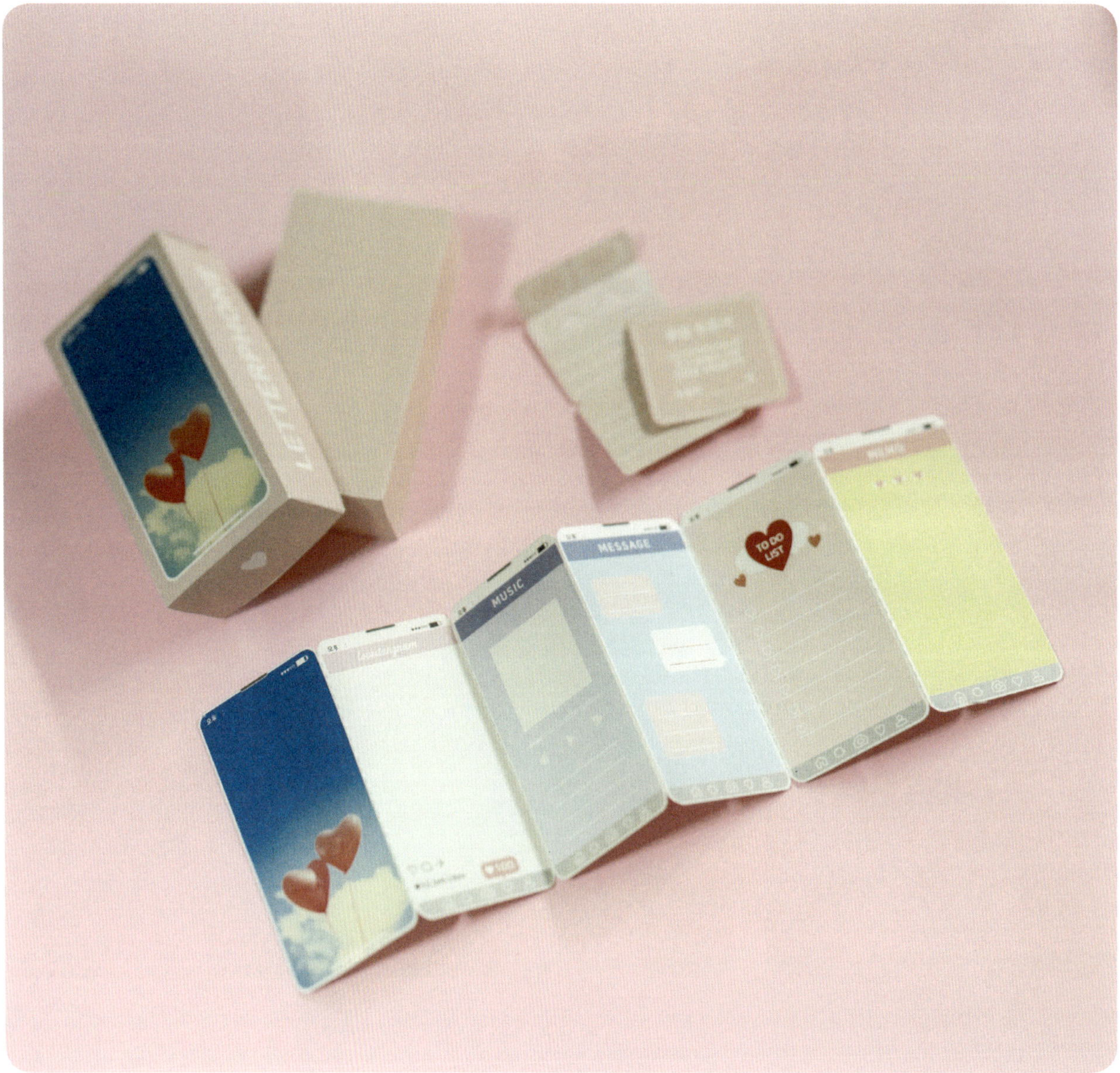

소중한 사람과의 추억을 가득 담은 핸드폰이 출시되었습니다.
함께 찍은 사진, 함께 듣던 노래, 처음 주고받은 메시지, 함께 하고 싶은 일들을 모두 담아보세요.
뛰어난 사랑 품질은 제가 보증합니다!

HOW TO MAKE

1. 3장의 도안 모두 실선을 따라 자르고, 점선은 칼자국을 내어 접습니다.

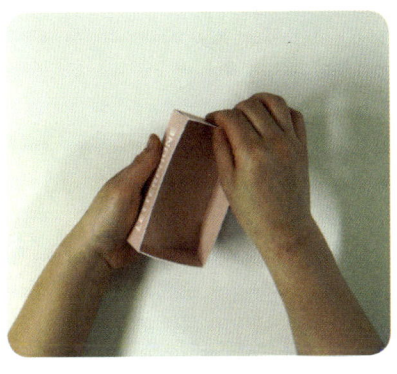

2. 상자와 뚜껑 도안의 A와 A'부터 C와 C'까지 순서대로 붙입니다.

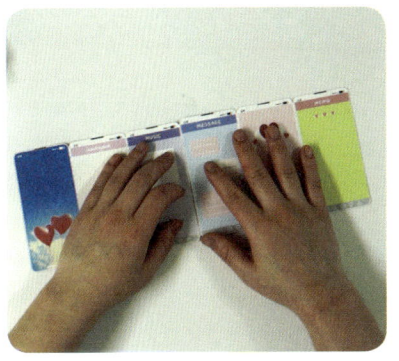

3. 핸드폰 도안의 A와 A'를 붙입니다.

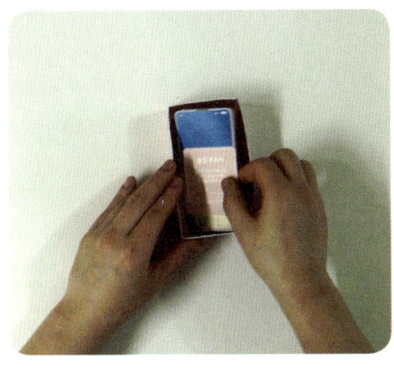

4. 핸드폰 편지지를 점선을 따라 지그재그로 접고 이어폰 편지지, 품질보증서와 함께 상자에 넣습니다.

5. 선물을 넣고 뚜껑을 닫으면 완성입니다.

> **tip** 핸드폰 편지지 두 번째 '럽스타그램'에는 사진을 붙이거나 그림을 그리고, 세 번째 '뮤직'에는 좋아하는 노래 가사를 적어보세요.

이 영화의 주인공은 바로 너야

슬레이트 앨범

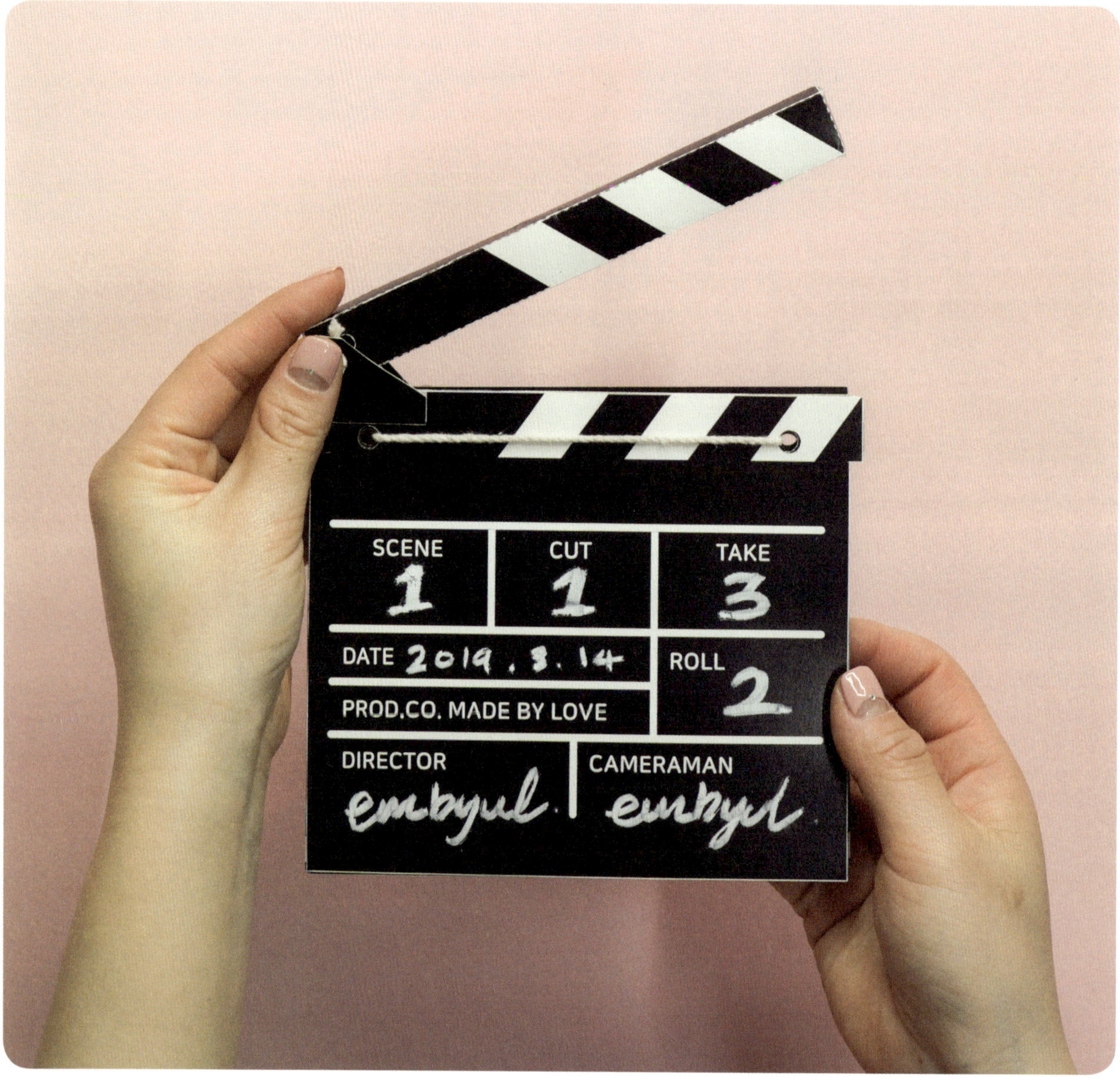

씬 넘버 원, 테이크 쓰리, 액션!
우리의 모든 추억은 한 컷 한 컷이 모두 영화 속 한 장면 같아요.
해피엔딩인 이 영화의 주인공은 너와 나, 둘뿐이야~

HOW TO MAKE

1. 7장의 도안 모두 실선을 따라 자르고, 십자 모양은 펀치로 뚫습니다. 점선은 칼자국을 내어 접습니다. 끈, 13×9cm 사진 12장, 수정액 또는 블랙보드 마카를 준비합니다.

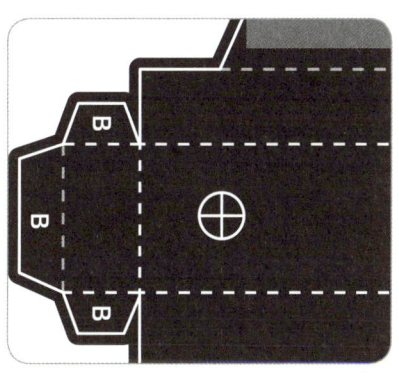

※ 슬레이트 막대의 중앙에 있는 구멍을 뚫기 힘들 때에는 길이가 긴 펀치를 사용하거나 칼로 잘라냅니다.

2. 슬레이트 막대 도안의 A와 A′, B와 B′, C와 C′를 순서대로 붙입니다.

3. 슬레이트 앨범에 13×9cm 크기의 사진 12장을 붙입니다.

4. 표지에 수정액이나 블랙보드 마카로 글씨를 씁니다. 앨범을 순서대로 겹치고 맨 위에 표지를 올린 다음, 상단의 양쪽 구멍에 끈을 끼워 넣습니다.

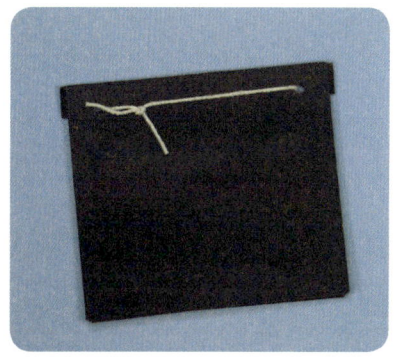

5. 앨범을 뒤집어서 끈을 바짝 당겨 풀리지 않도록 두 번 묶습니다. 길게 남은 끈은 가위로 잘라서 정리합니다.

6. 슬레이트 표지의 D와 슬레이트ⓐ의 D′를 붙인 다음, 앨범을 뒤집어서 맞은편 같은 위치에 슬레이트ⓑ를 붙입니다.

7. 슬레이트ⓐ, ⓑ의 구멍과 슬레이트 막대의 구멍이 겹쳐지도록 위치한 다음, 끈을 끼워 넣고 묶어서 고정하면 완성입니다.

도안
249~256p

여기 보세요, 찰칵!

카메라 앨범

너의 모든 순간을 내 마음 속에 저장!
열두 장의 폴라로이드 안에 소중한 추억들을 한 장 한 장 채워보세요.
행복했던 시간들을 되돌아보면서 추억 여행을 떠날 수 있을 거예요.

HOW TO MAKE

1. 4장의 도안 모두 실선을 따라 자릅니다. 태그와 하트는 반을 접어 자르고 태그의 십자 모양은 펀치로 뚫습니다. 점선은 칼자국을 내어 접습니다. 끈, 5×7.5cm 크기 사진 12장을 준비합니다.

2. 카메라 도안의 A와 A'를 붙입니다.

3. 카메라 렌즈 도안의 B와 B', D와 D'를 붙입니다.

4. 카메라 렌즈의 C를 카메라의 C'에 붙입니다.

5. 속상자 도안의 E와 E'를 붙입니다.

6. 폴라로이드에 5×7.5cm 크기의 사진 12장을 붙인 다음, F와 F'를 붙여 한 줄로 연결합니다.

7. 태그 편지지를 반으로 접은 다음 구멍에 끈을 넣어 묶습니다. 길게 남은 끈은 가위로 잘라서 정리합니다.

8. 속상자에 폴라로이드와 태그 편지지, 하트 편지지를 넣고 카메라 안에 속상자를 넣은 다음 입구를 닫으면 완성입니다.

도안

귀엽고 예쁜 도안이 한가득 담겨있어요.

원하는 편지지와 선물상자를 고르고,

예쁘게 만들어 마음을 담아보세요.

칼이나 가위같이 날카로운 도구를 사용할 땐

특히 더욱 조심하는 것 잊지 마세요!

B'

B'

C'

A'

82

B'

B'

C'

A'

84

B'

B'

C'

A'

🖂 **초콜릿&마카롱 편지지**

상자ⓐ

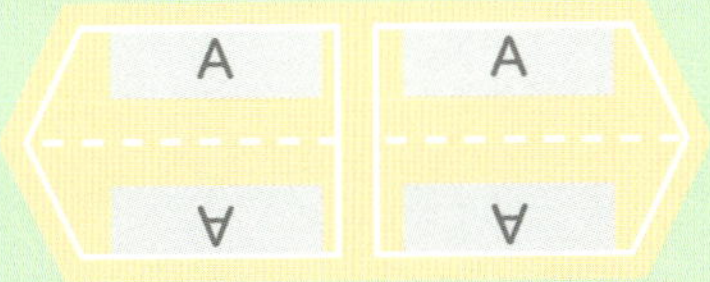

상자ⓑ

89

도넛 상자 편지지

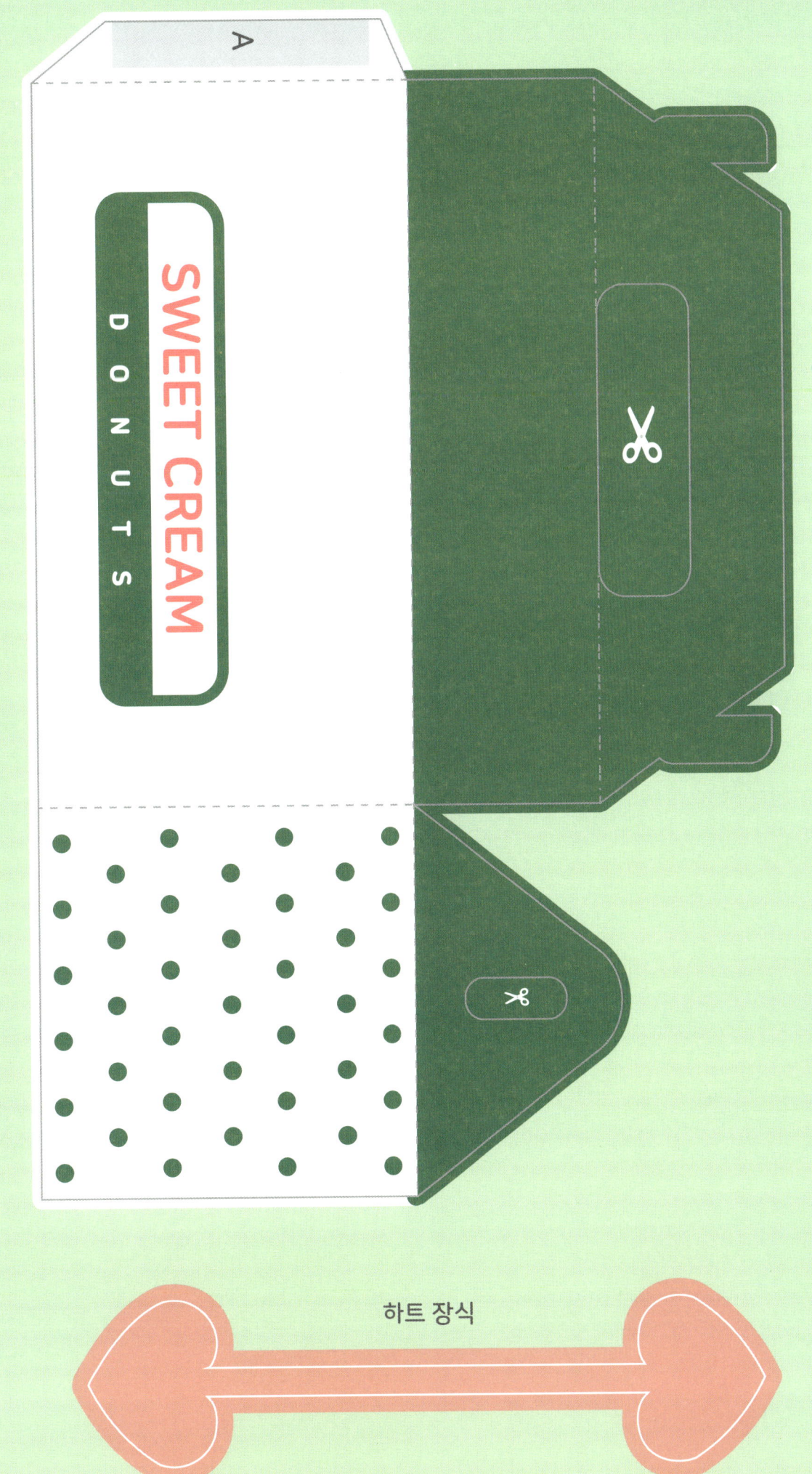

하트 장식

도넛 상자 편지지

C'

D'

A'

도넛 상자 편지지

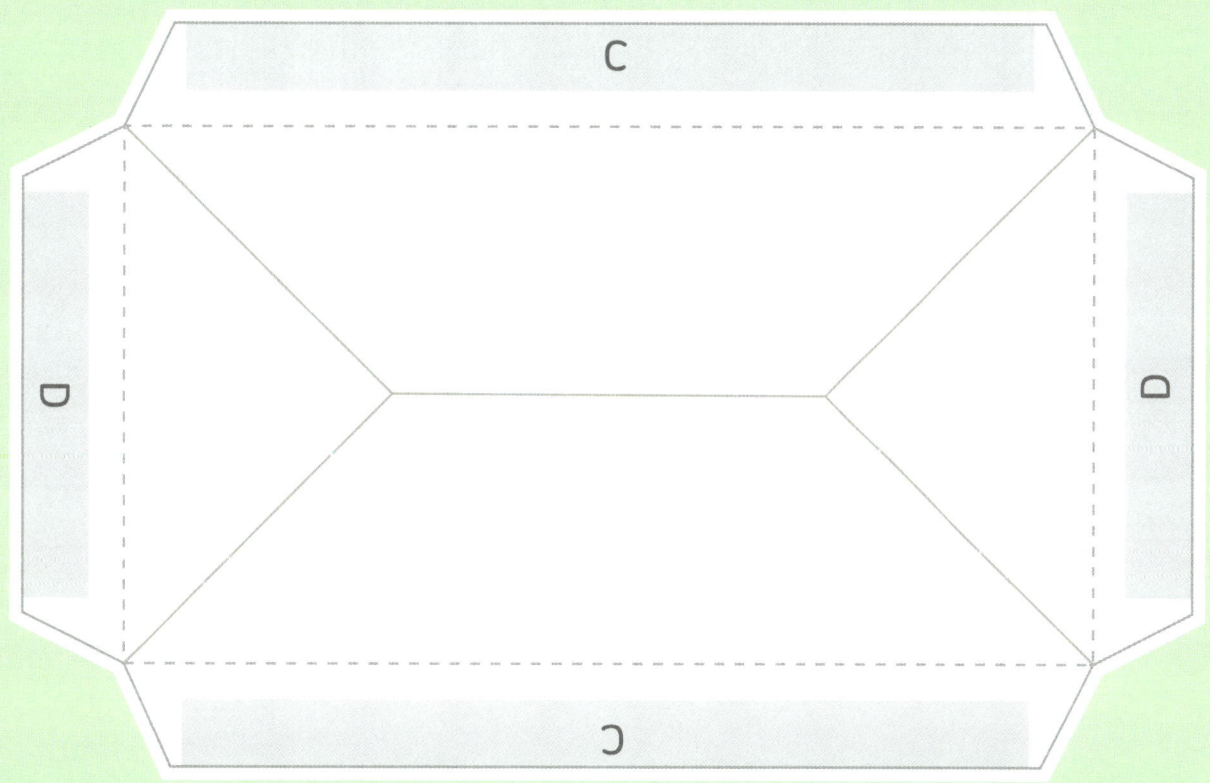

✉ 도넛 상자 편지지

아이스크림 편지지 I

ICE POP

ICE CREAM

아이스크림 편지지 II

101

아이스크림 편지지 Ⅲ

103

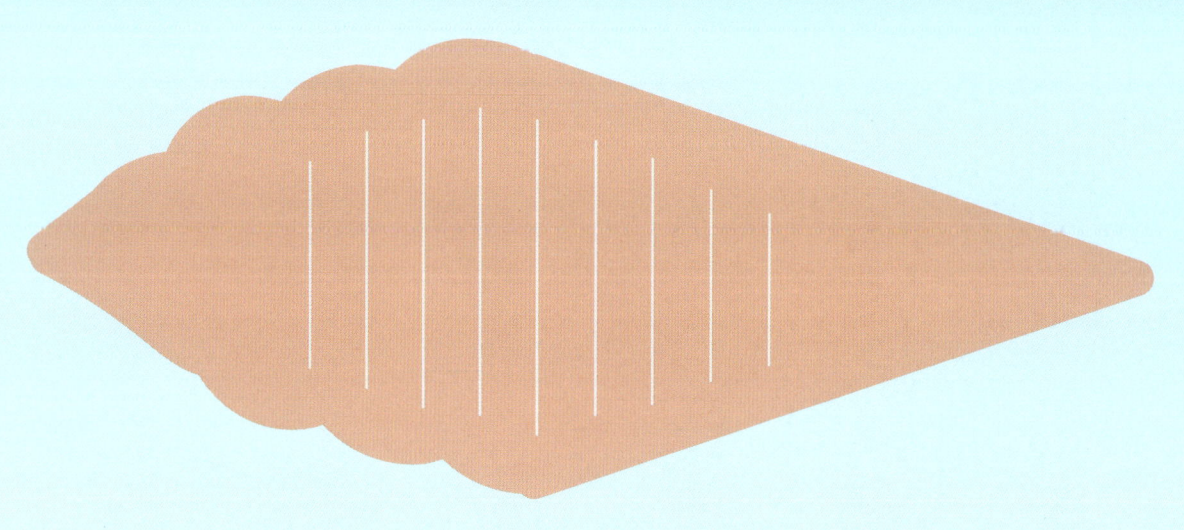

104

아이스크림 편지지 IV

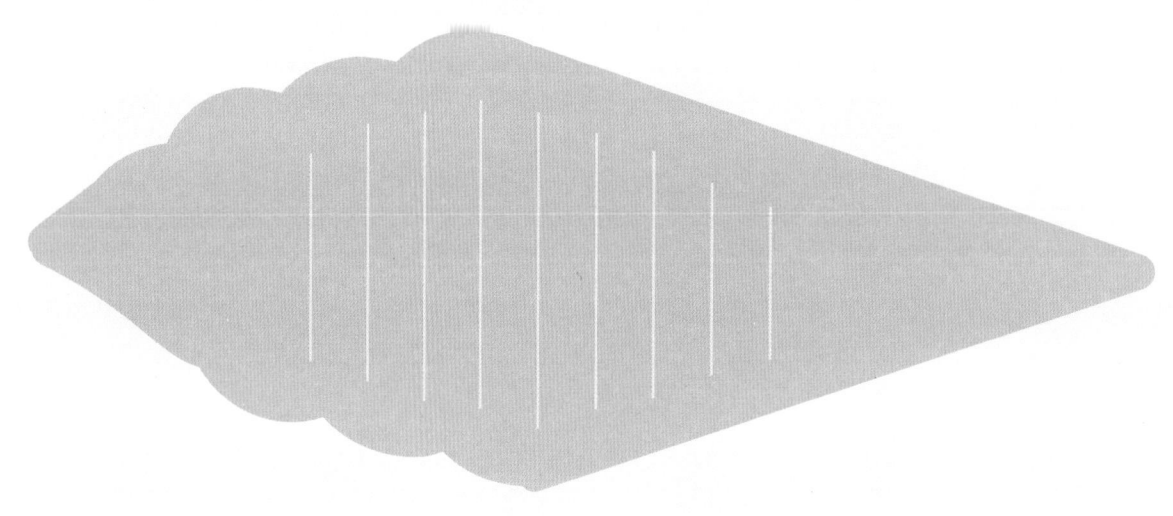

돈다발 선물상자 I

돈다발 선물상자 II

돈다발 선물상자 Ⅲ

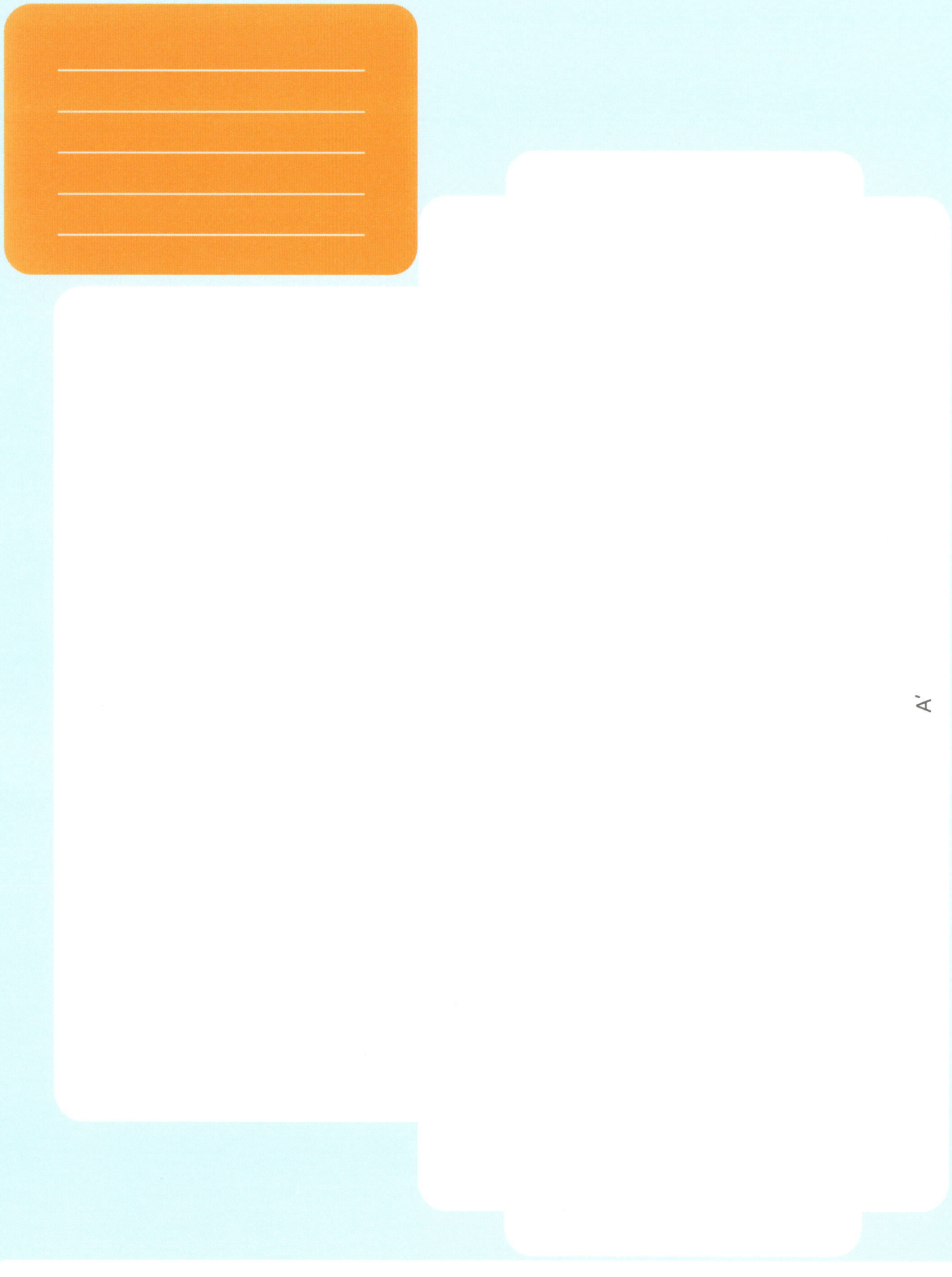

A'

통장 편지지

사랑모음통장
사랑은행 THE BANK OF LOVE

사랑은행 THE BANK OF LOVE

사랑모음통장

받는사람
예금은행

사명
통장 발행일   년   월   일

사랑 정기 적금

사랑은행 THE BANK OF LOVE

이용안내

▶ 통장 내용이 타인에게 누설될 경우 사랑이 부정 인출될 수 있으므로 타인이 알지 못하도록 하여 주십시오.

▶ 통장 분실시에는 가까운 사랑은행이나 _____ 에게 신고하여 주십시오.

▶ 고객상담 ☎ _____ (전국 어디서나, 24시간)

117

통장 편지지

날짜	내용
1	
2	
3	
4	
5	
6	
7	
8	
9	
10	
11	
12	
13	
14	
15	
16	
17	
18	
19	
20	
21	
22	
23	
24	
25	

날짜	내용
26	
27	
28	
29	
30	
31	
32	
33	
34	
35	
36	
37	
38	
39	
40	
41	
42	
43	
44	
45	
46	
47	
48	
49	
50	

B'

C

C'

D

통장 편지지

날짜	내용
51	
52	
53	
54	
55	
56	
57	
58	
59	
60	
61	
62	
63	
64	
65	
66	
67	
68	
69	
70	
71	
72	
73	
74	
75	

날짜	내용
76	
77	
78	
79	
80	
81	
82	
83	
84	
85	
86	
87	
88	
89	
90	
91	
92	
93	
94	
95	
96	
97	
98	
99	
100	

D.

E.

E.

F.

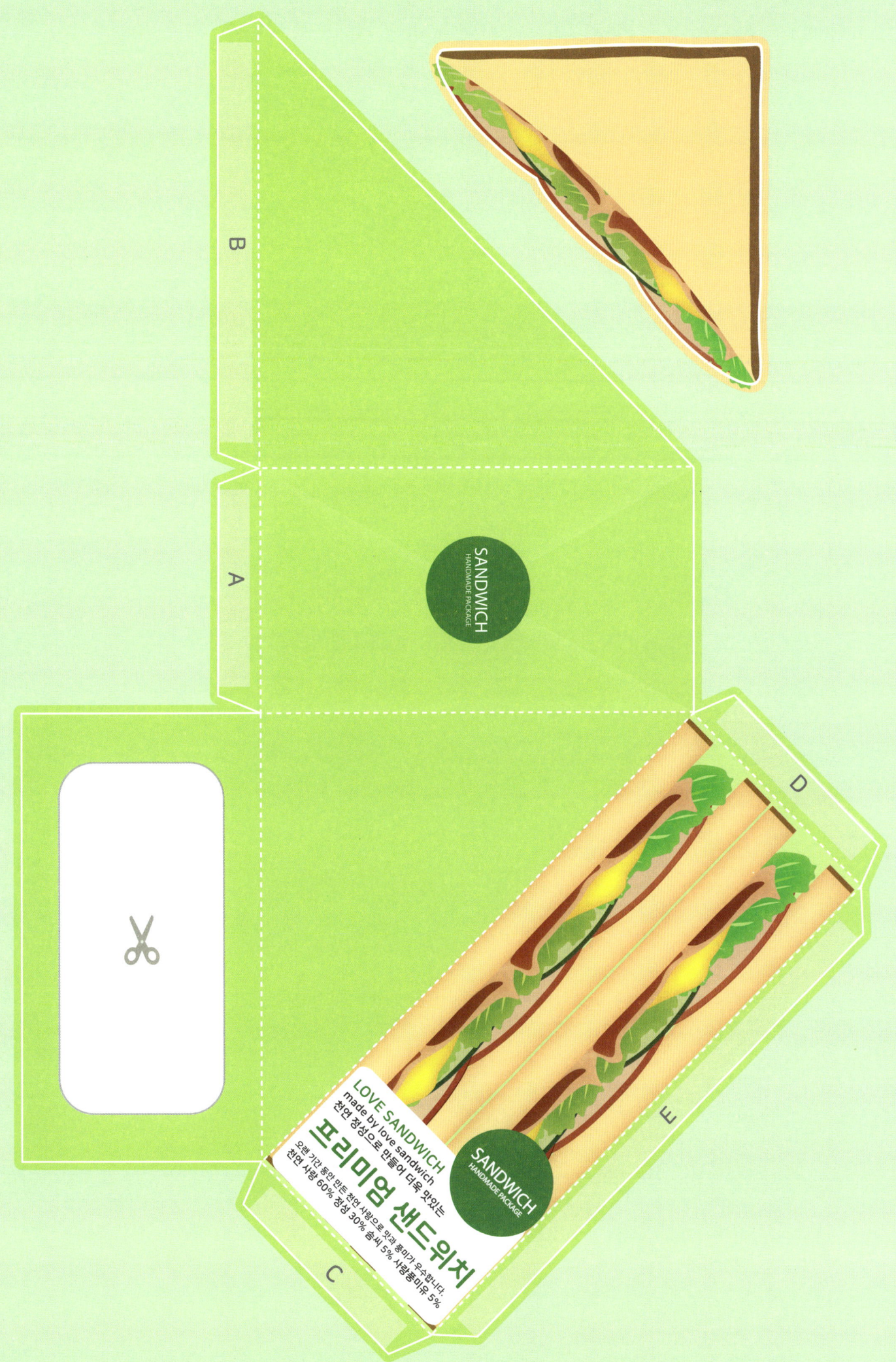

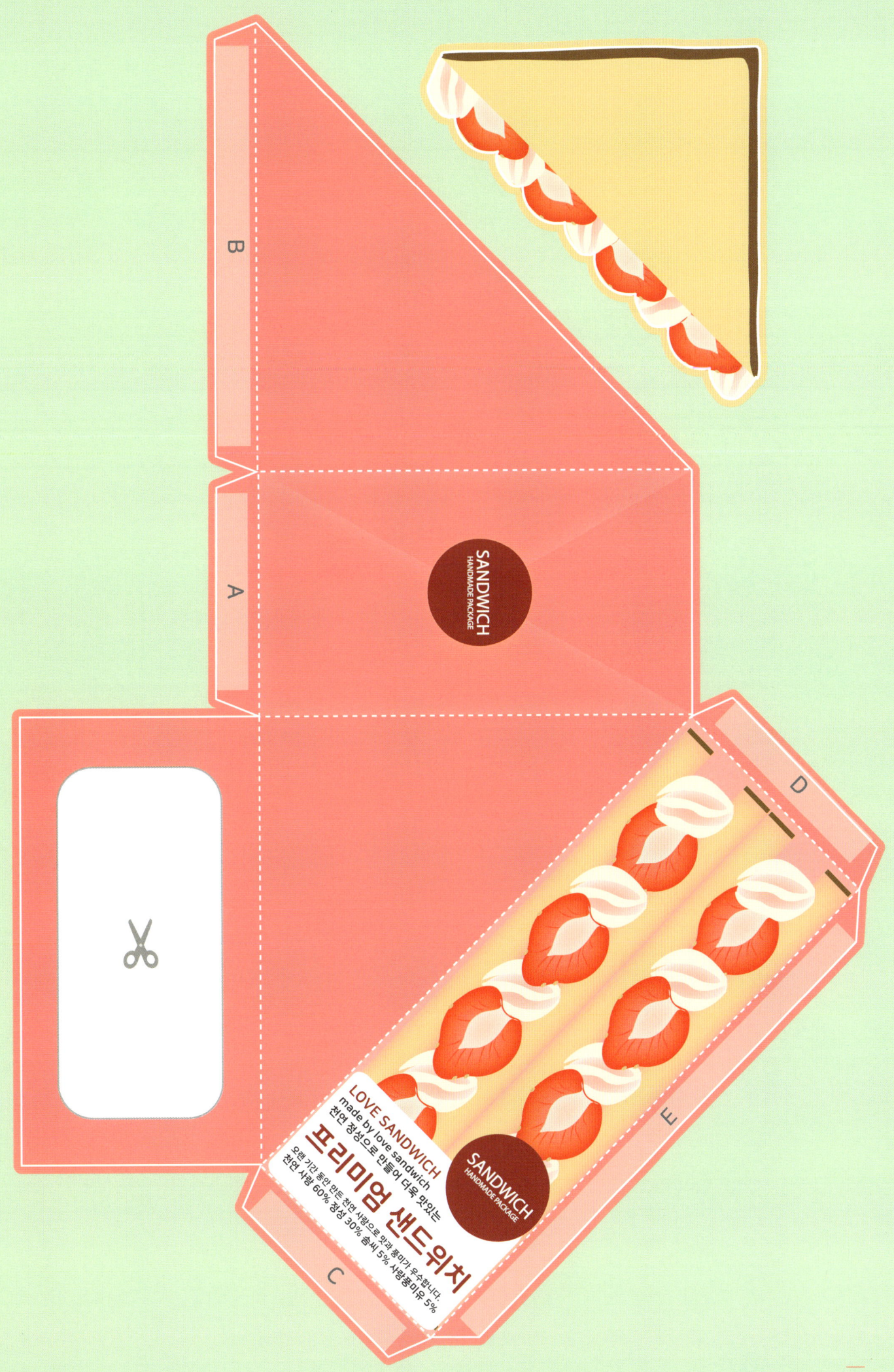

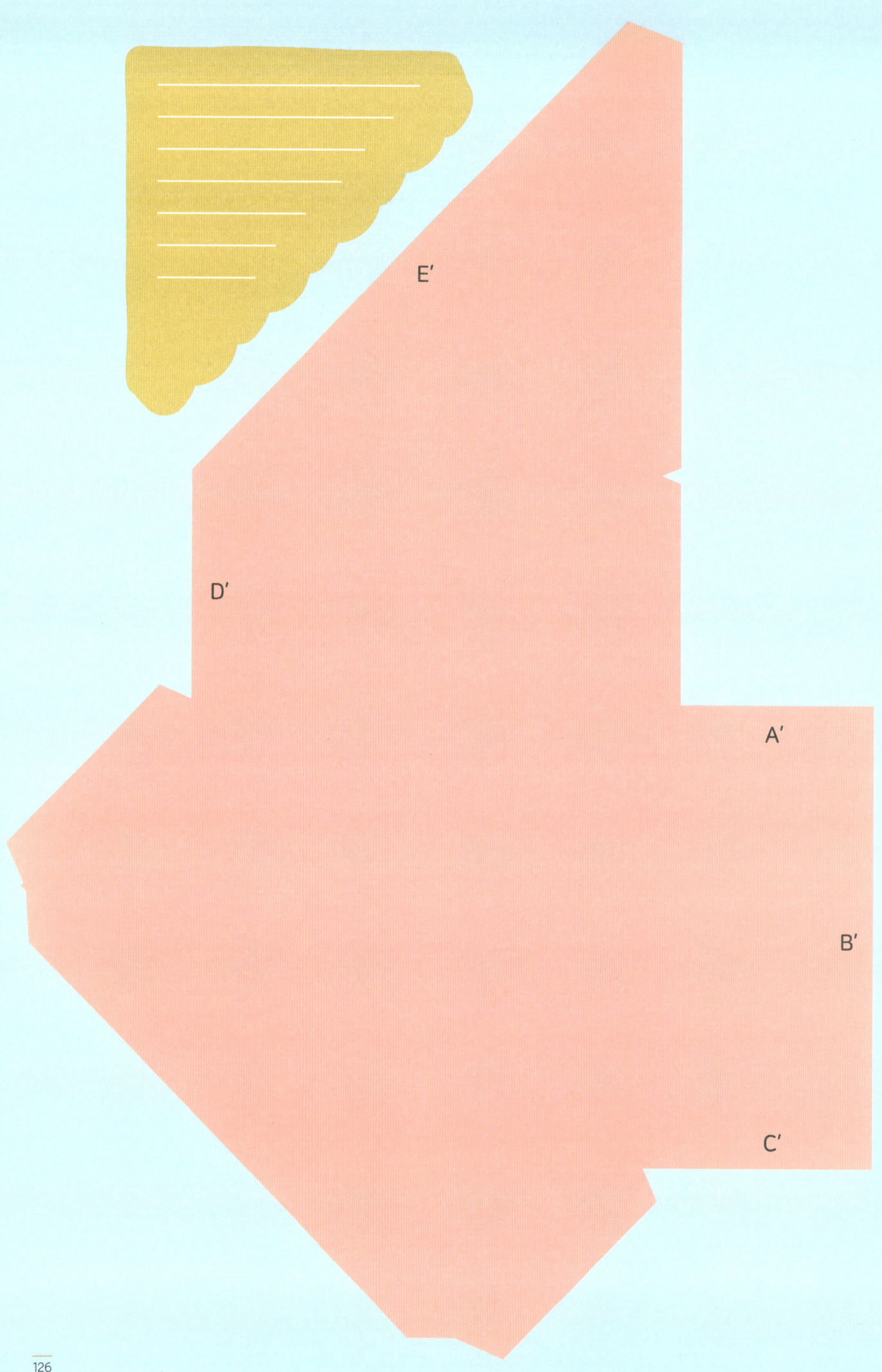

감사장 편지지

귀하의 사랑과 성원에
감사드립니다.

감사장 편지지

🖂 훈장 편지지

상자

뚜껑

131

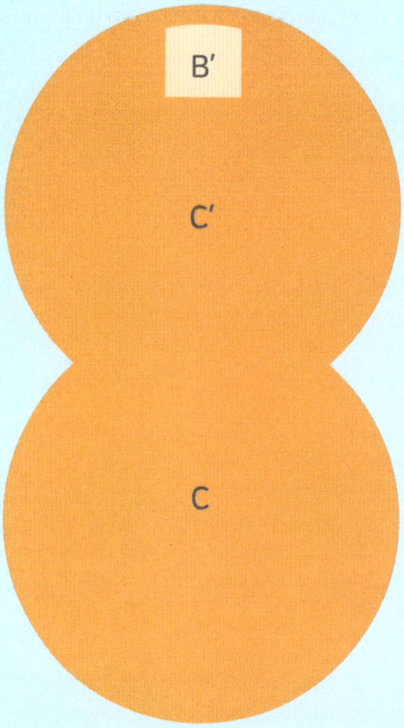

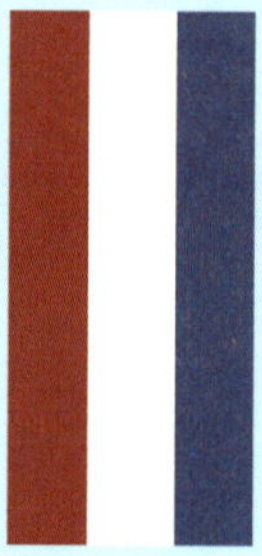

훈장 수여증

위 사람은 _____
_____
_____
_____

이 훈장을 드립니다.

사랑자치부 장관 _____

약봉투 편지지

A

LOVE MEDICINE

귀하

복용법

약 이름
하루   회   일분
시간   일분

□ 식후 30분 □ 식간 □ 식후 즉시
□ 식전 30분 □ 취침전 □ ___ 시간마다
□ 아침, 점심, 저녁 표시대로 복용

년 월 일

사랑약국 대표약사

B

저희 사랑약국은 정성과 진심을 듬뿍 담아
약을 제조하고 있습니다.

복용 시 유의사항

1. 과다복용 시 사람 지수가 올라가서 감동의 눈물이 흐르거나 심장이 두근거리는 증상이 나타날 수 있습니다.
2. 이 약을 본인 외에 다른 사람이 복용 시 부러움, 배아픔 등의 부작용이 나타날 수 있습니다.
3. 조제 후 빠른 시일 내에 복용하는 것이 좋습니다.
4. 다른 사람의 손이 닿지 않는 곳에 보관해야 합니다.

A'

B'

A'

약봉투 편지지

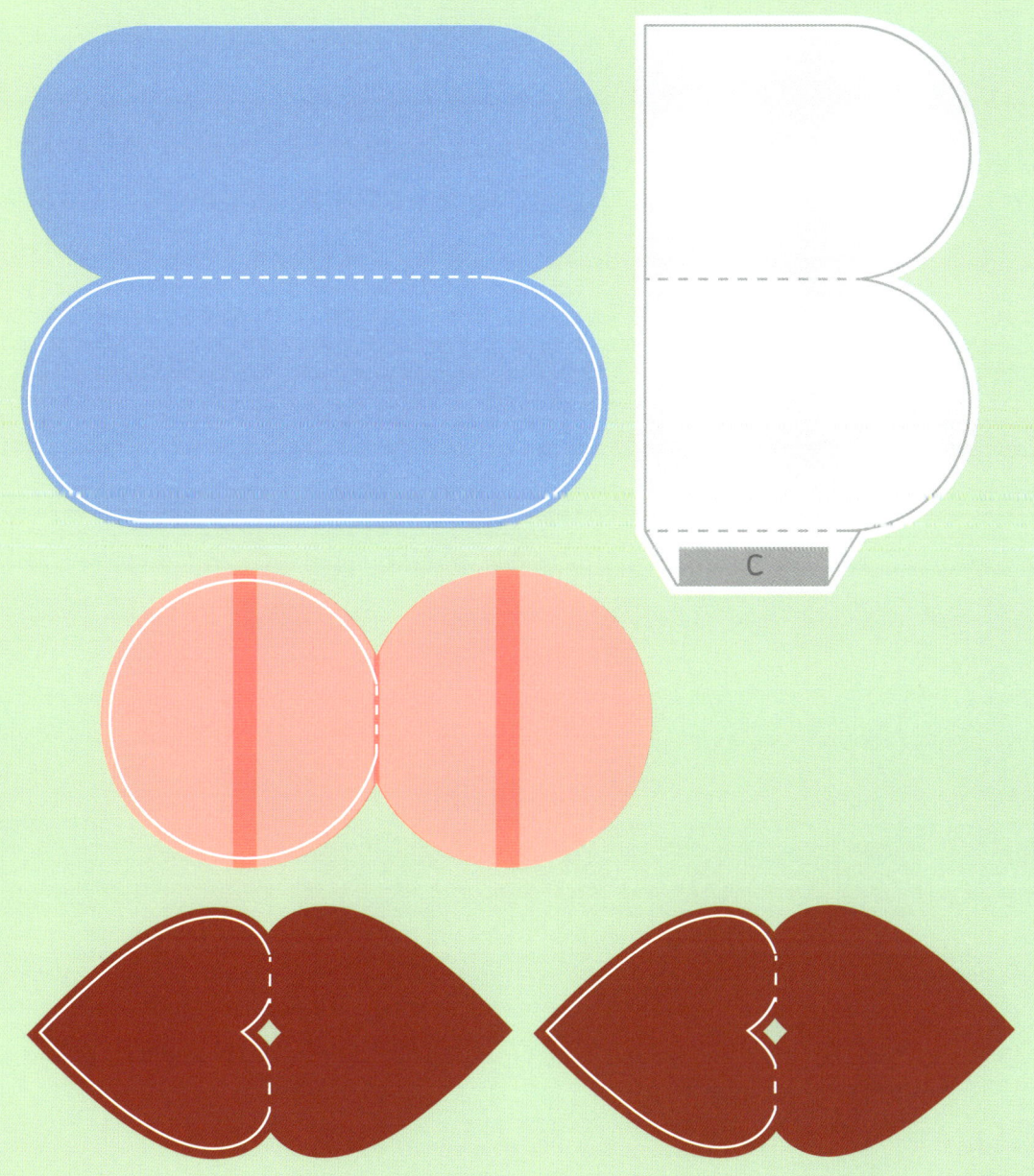

137

우유 선물상자

A'   A'   B'   B'   B'

우유 선물상자

B'

B'

B'

A'   A'

우유 선물상자

143

A'　　　A'　　　B'　　　B'　　　B'

우유 선물상자

A'   A'   B'   B'   B'

우유 선물상자

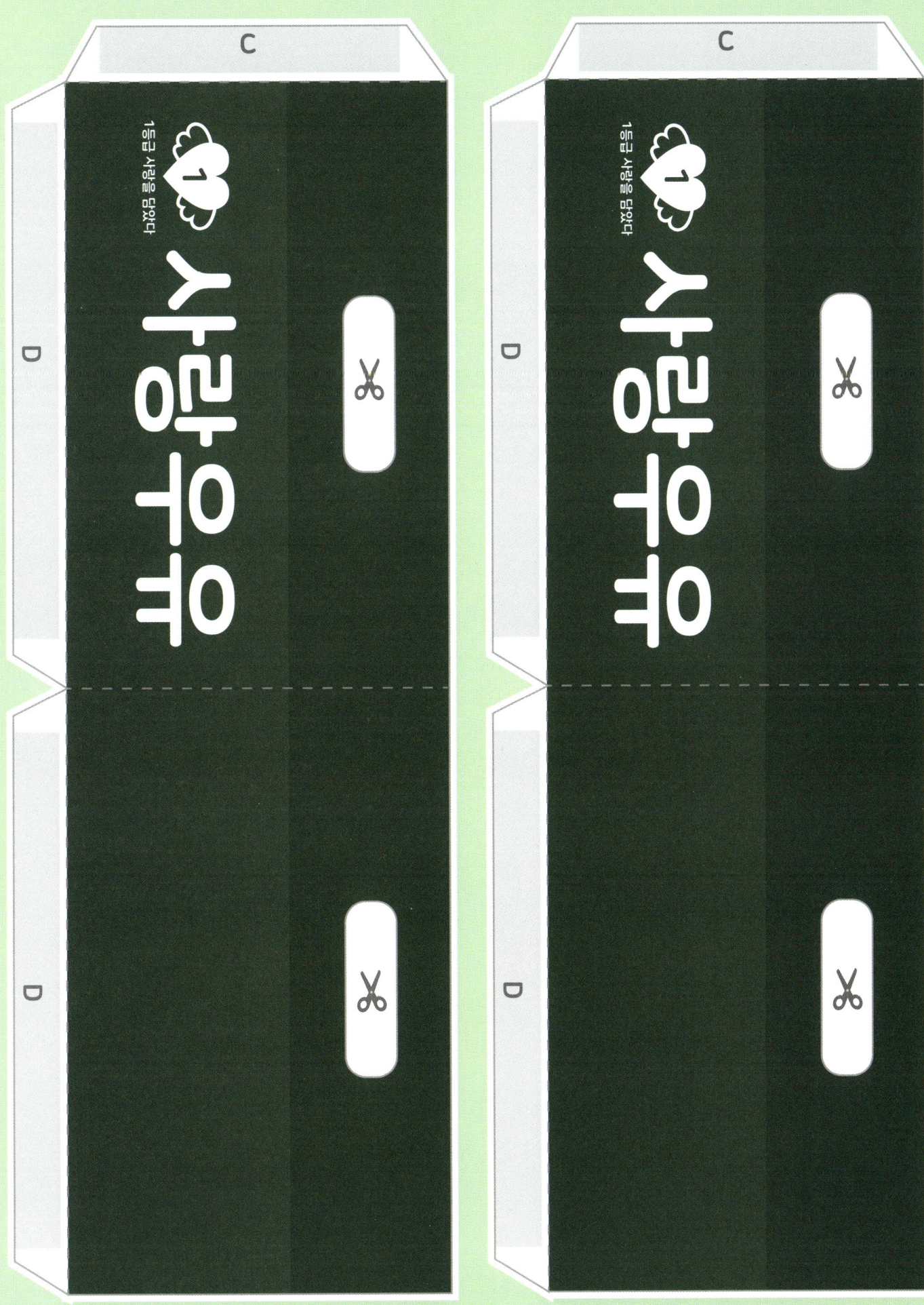

우유 선물상자

우유 선물상자

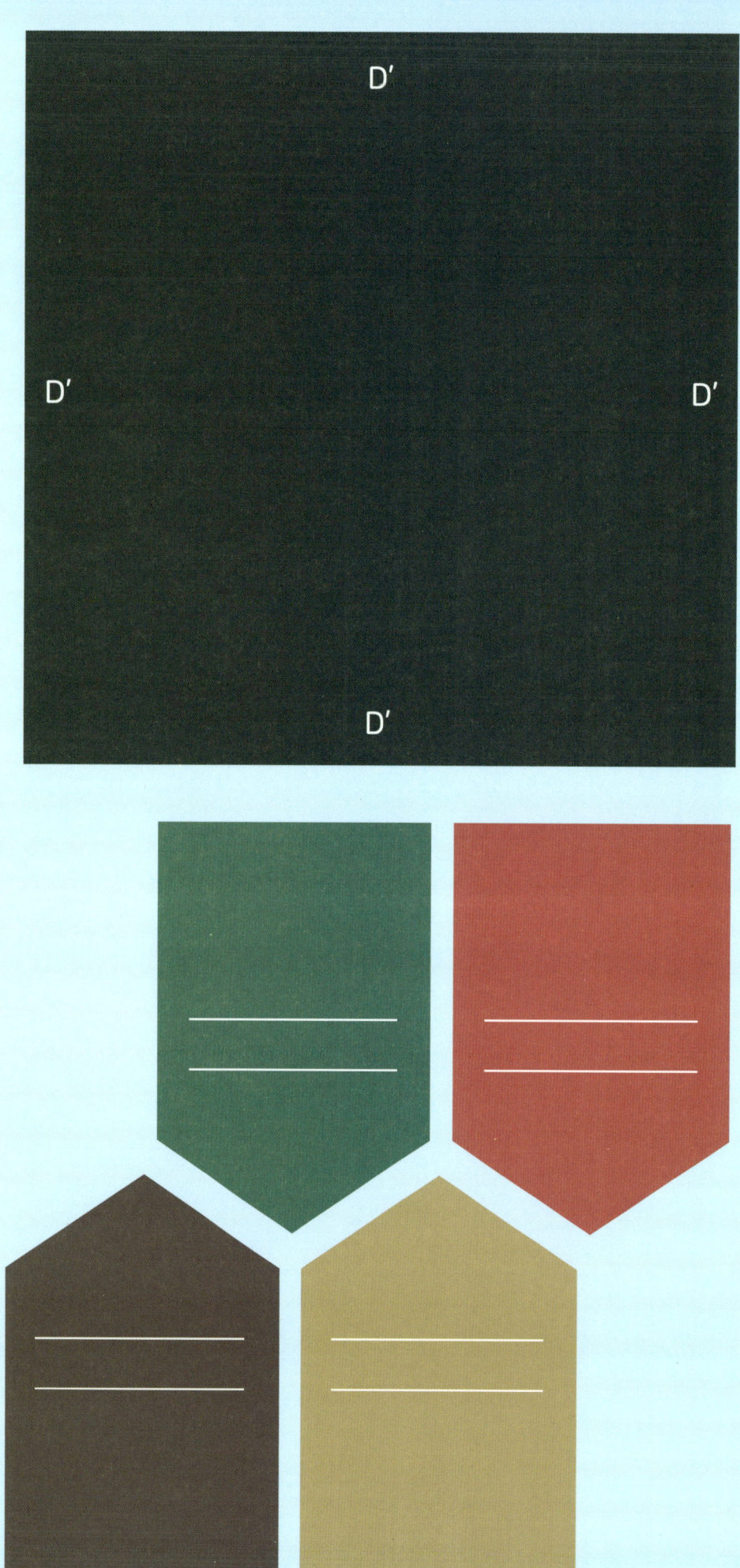

택배 선물상자 I

택배 선물상자 II

B'

A'

택배 선물상자 III

B'

A'

빼빼로데이 편지지

빼빼로데이 편지지

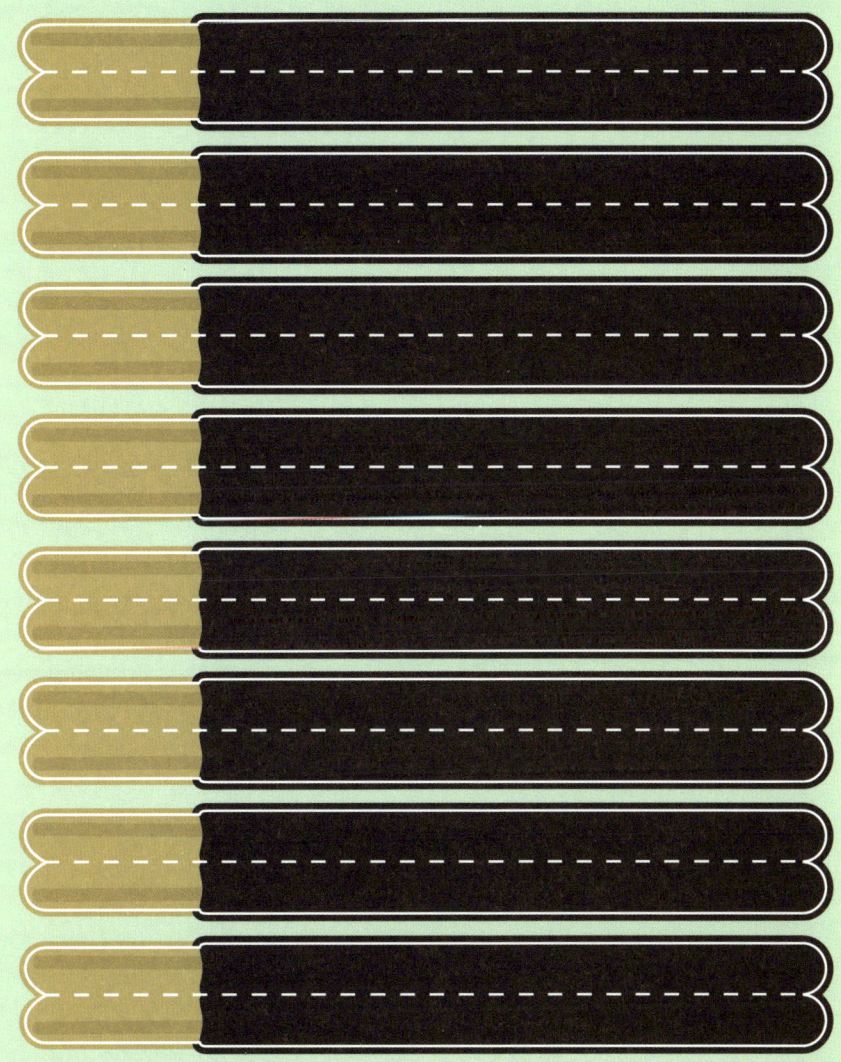

159

크래커 편지지

161

크래커 편지지

크래커 편지지

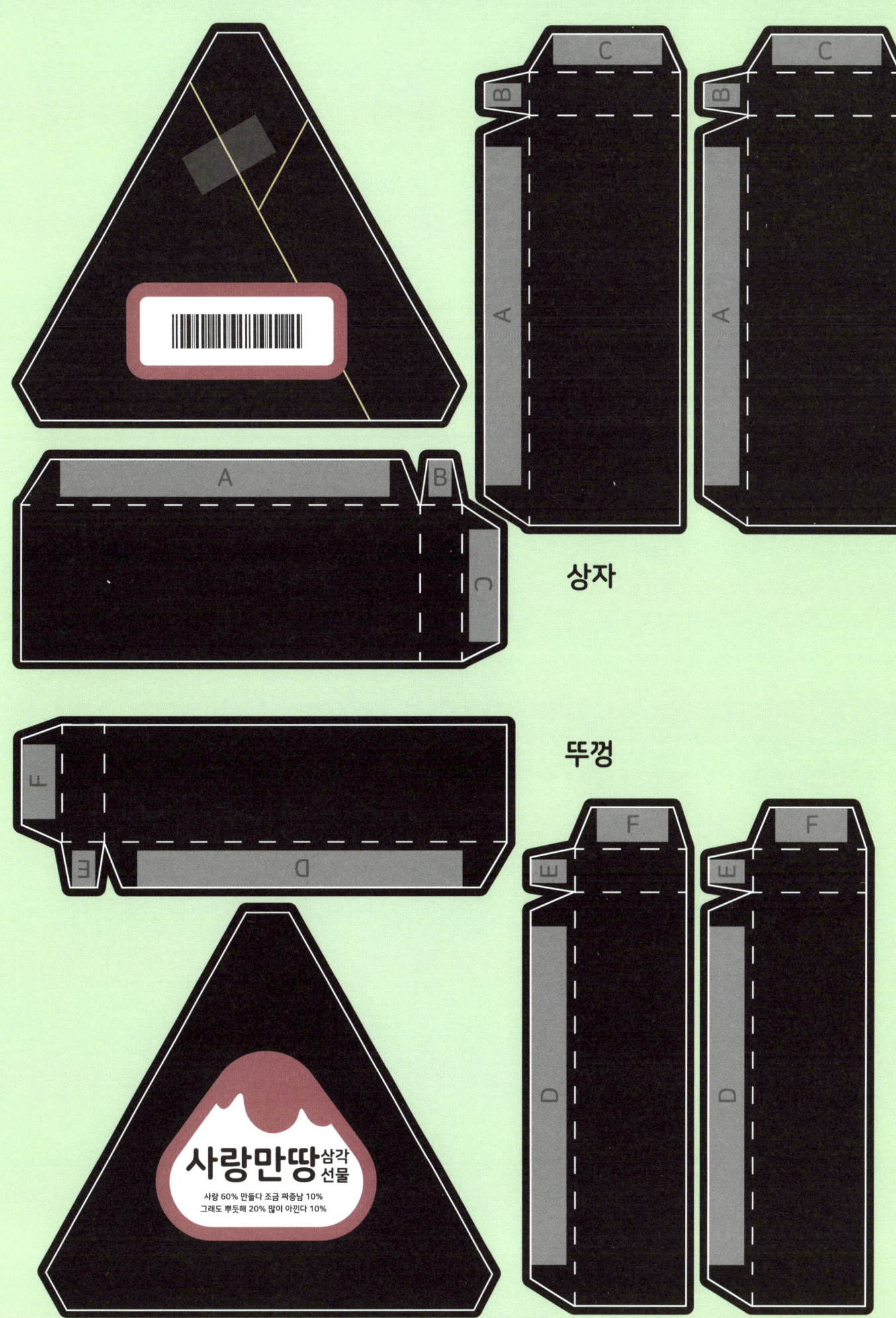

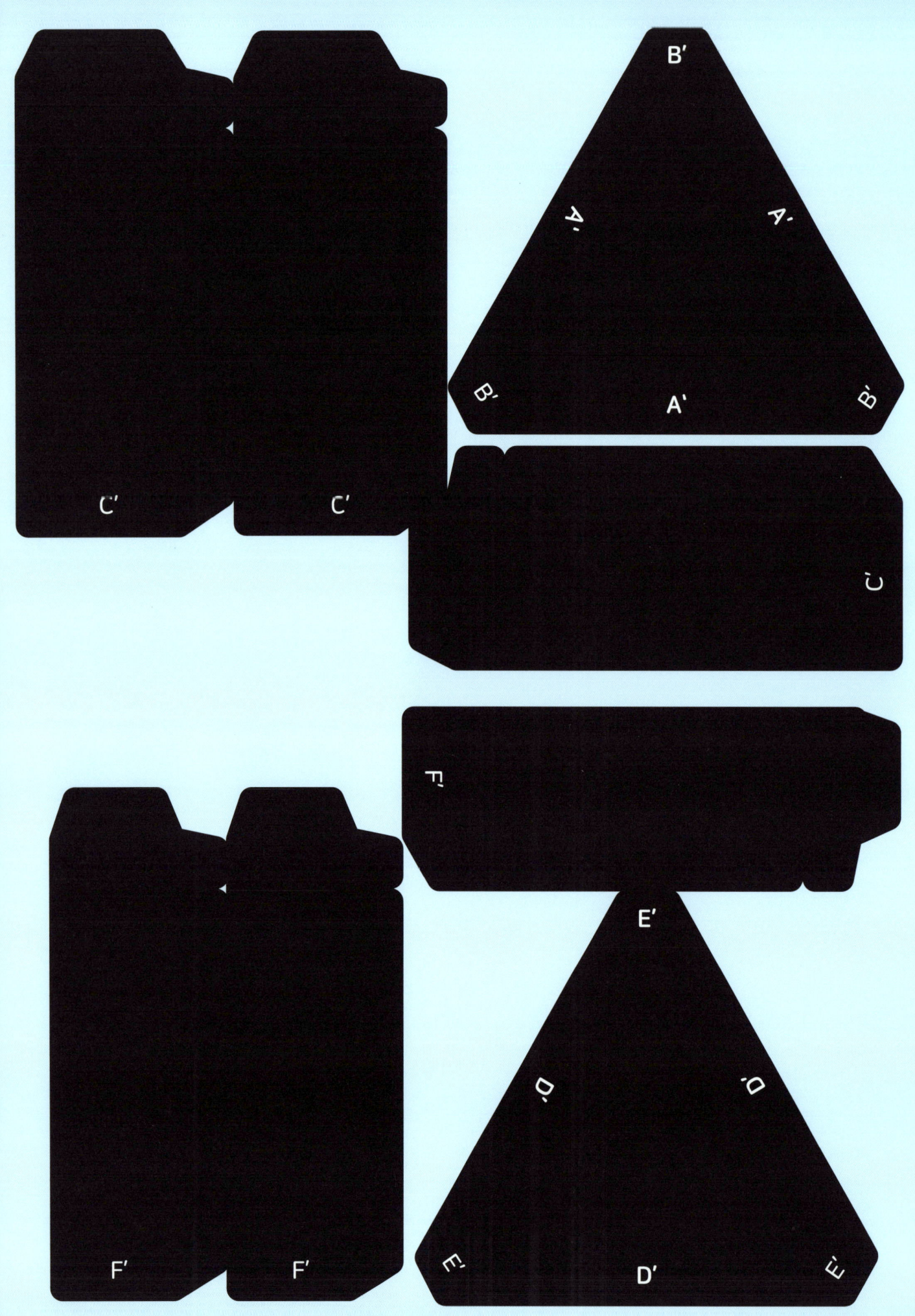

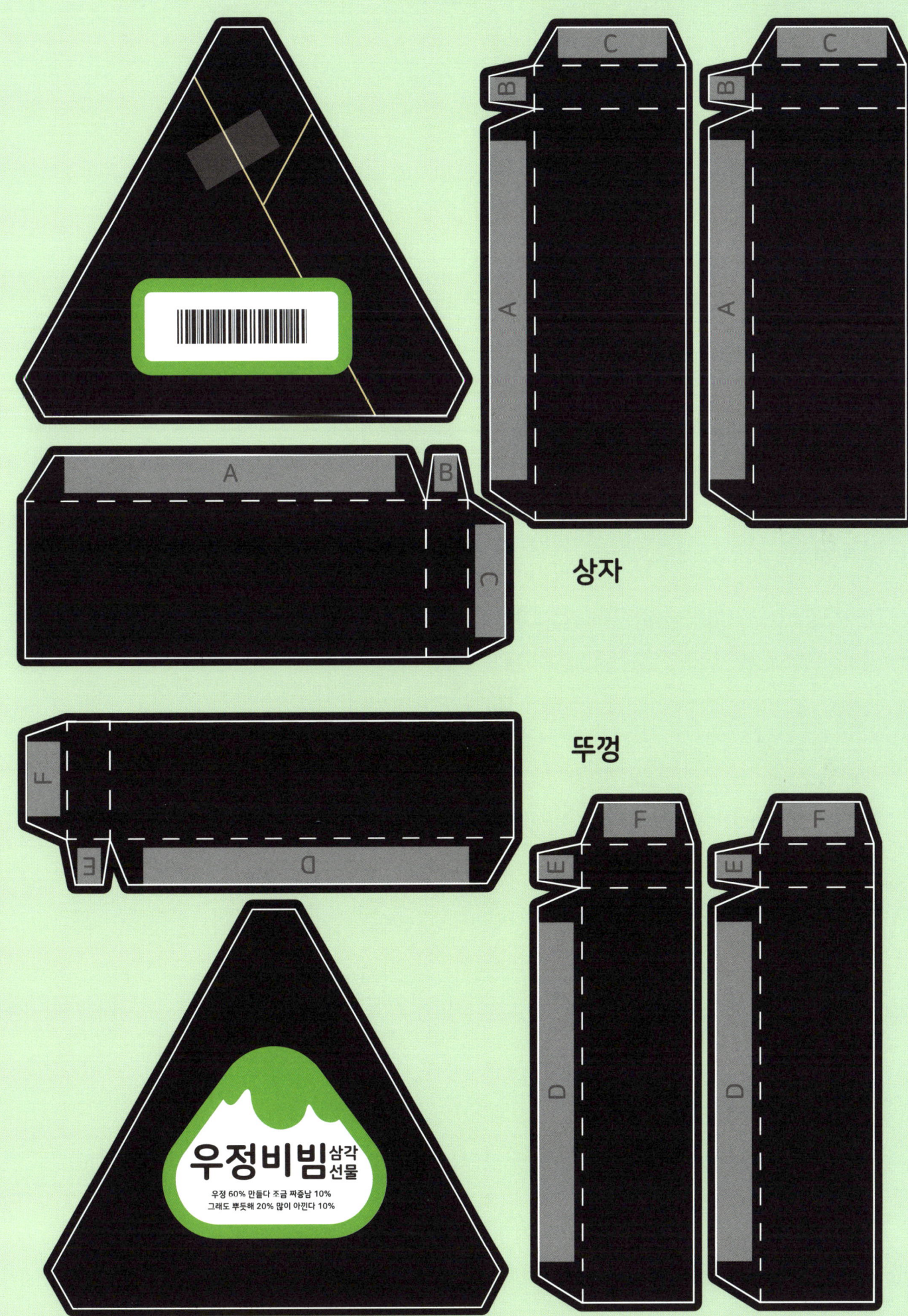

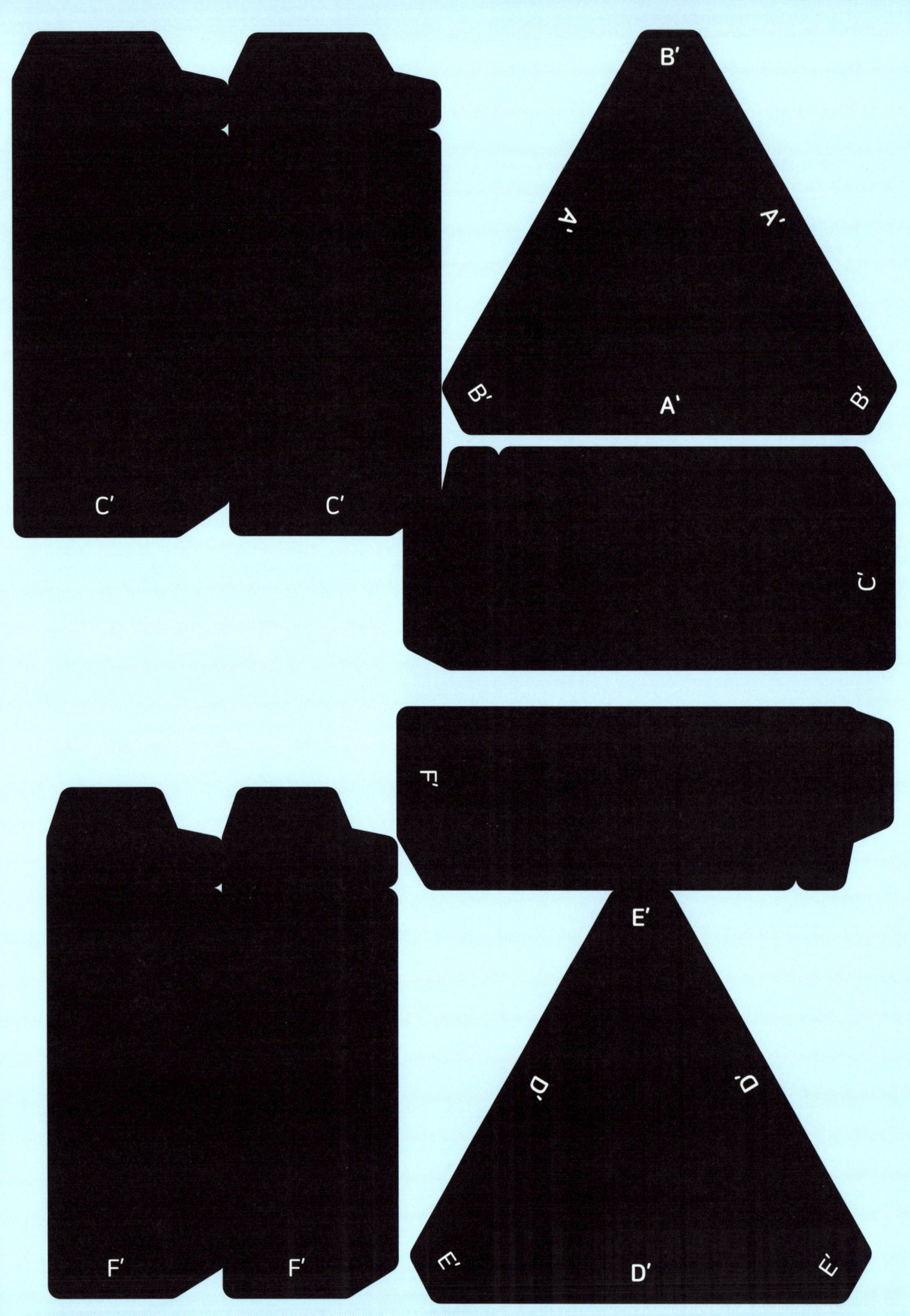

A'

B'

삼각김밥&감자칩 편지지

케이크 선물상자

C'

D'

B'

케이크 선물상자

C'

D'

A'

케이크 선물상자

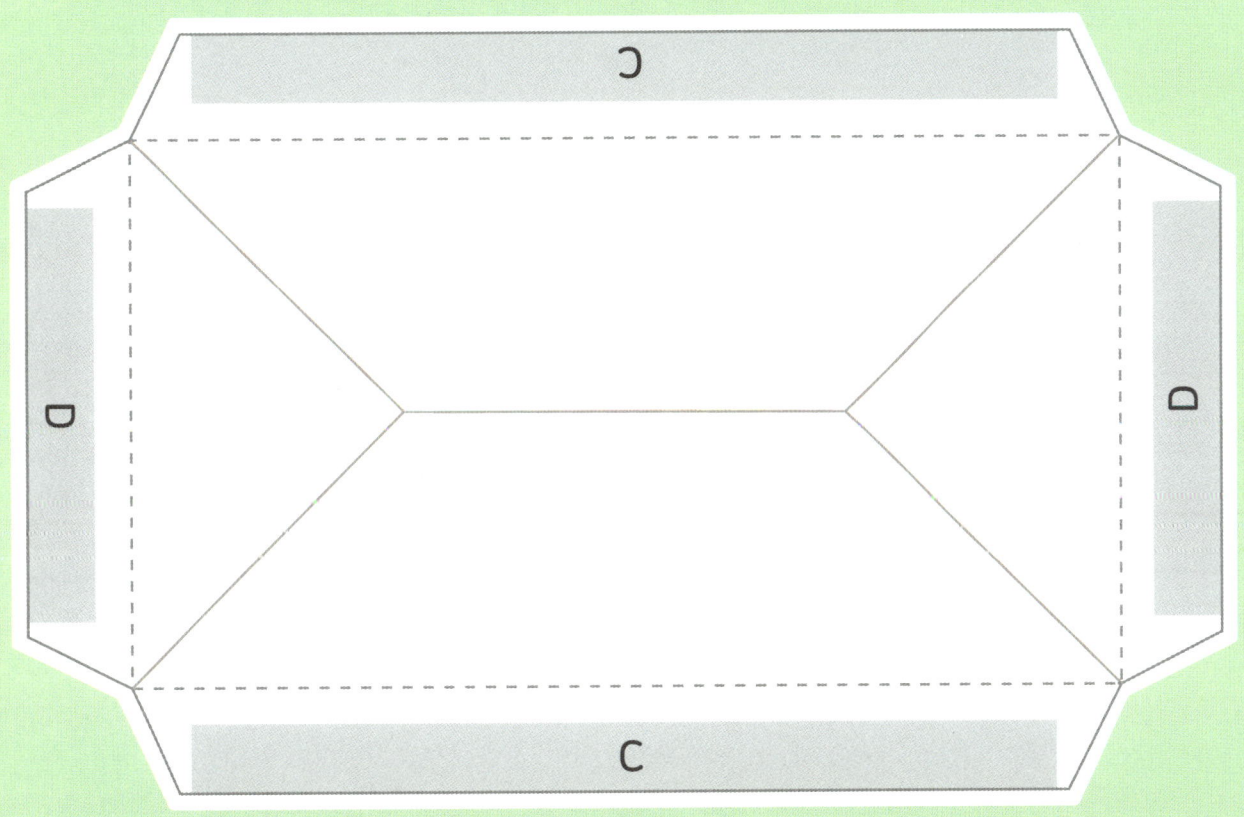

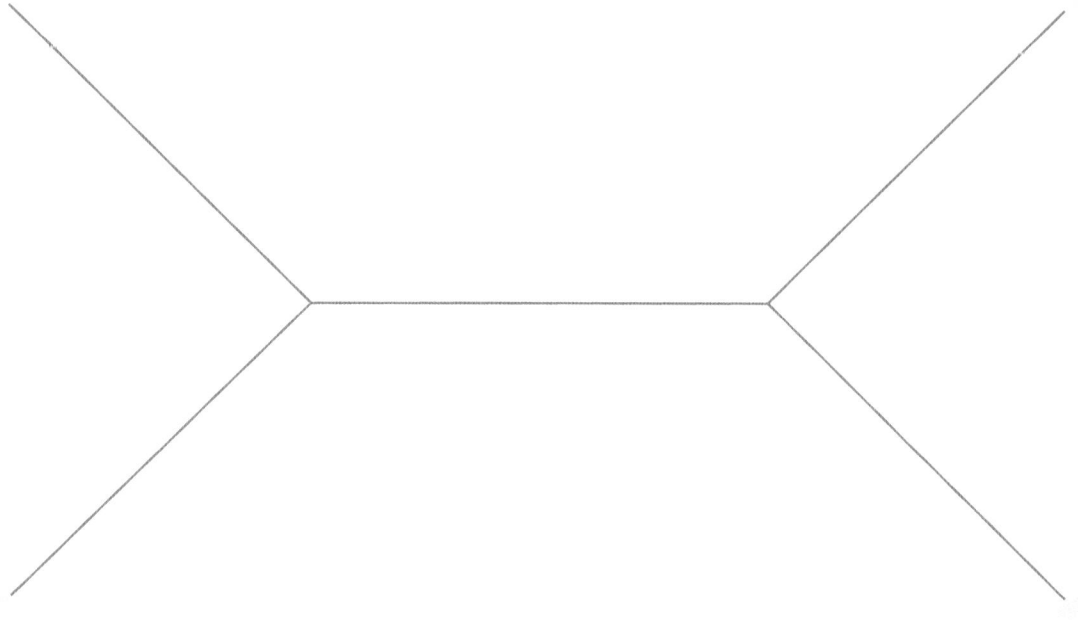

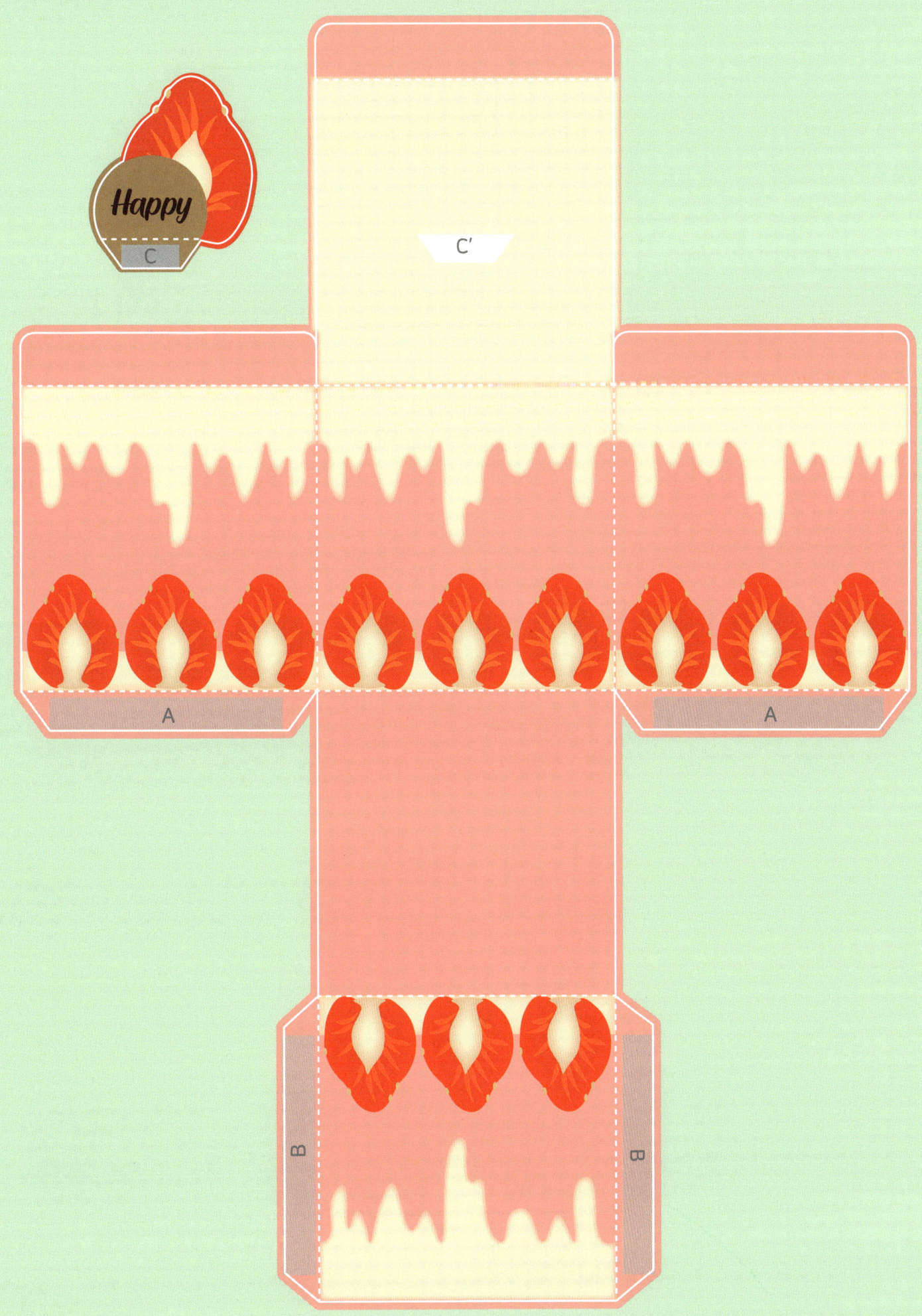

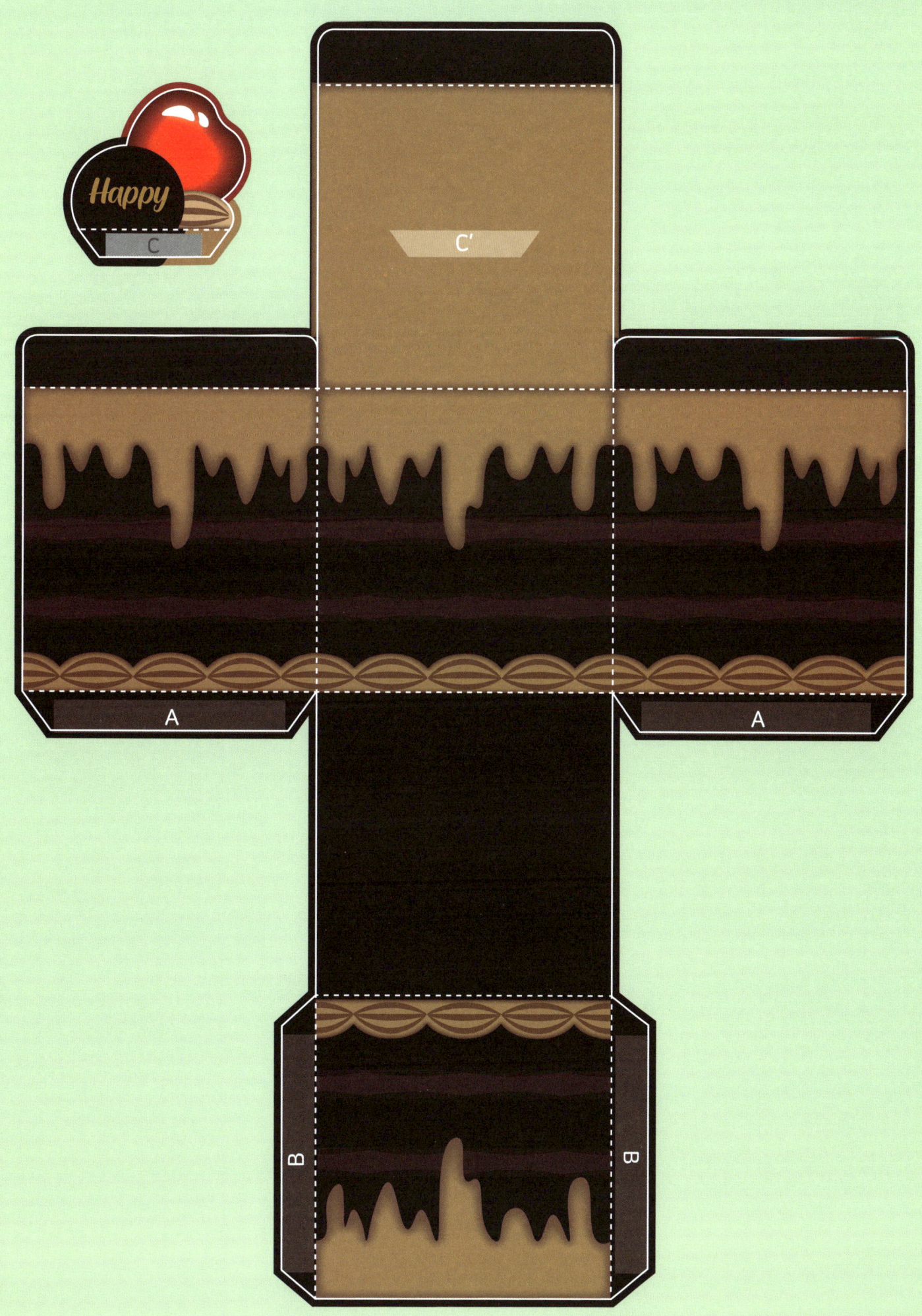

햄버거 세트 편지지

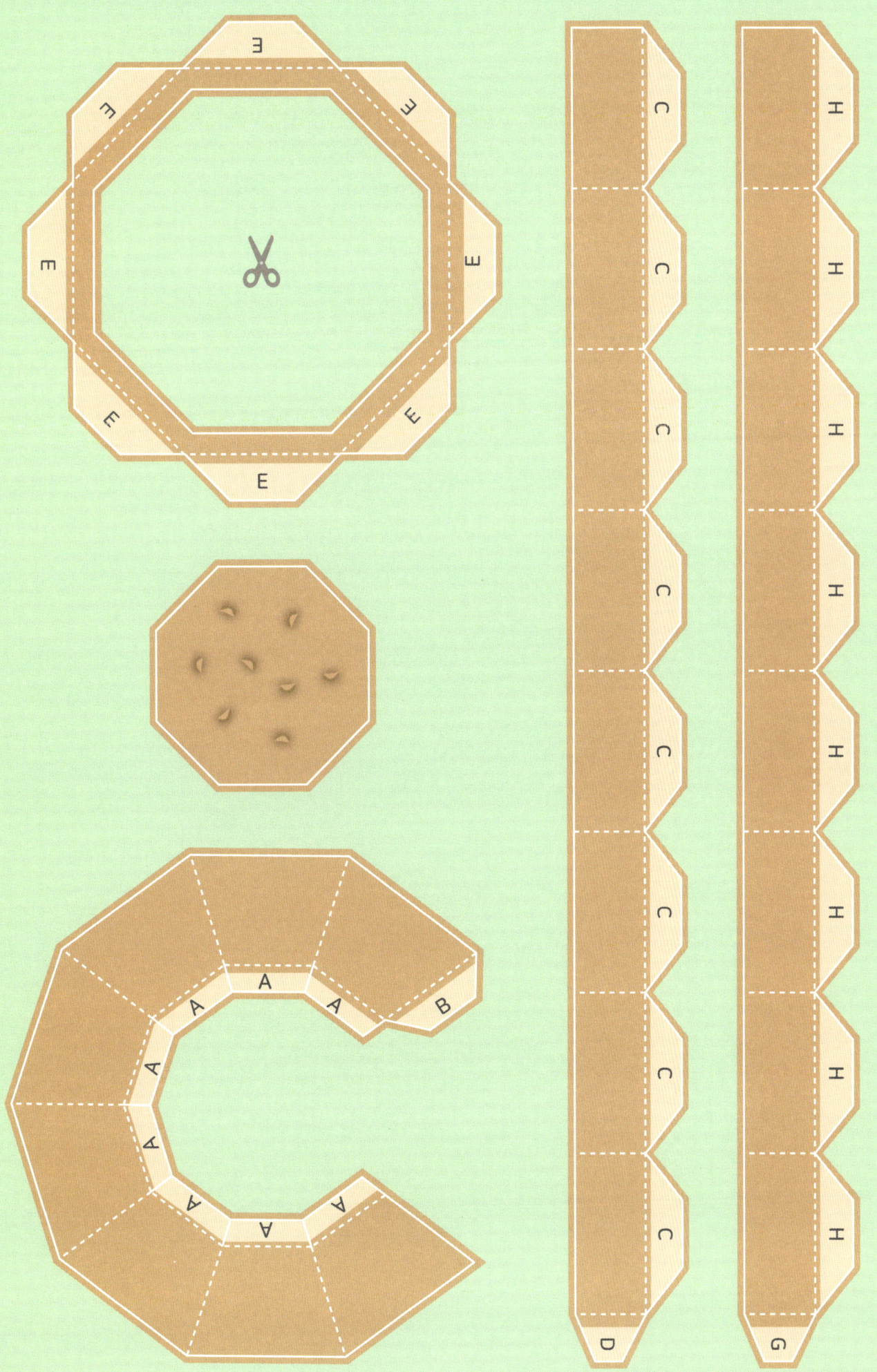

햄버거 세트 편지지

🔖 햄버거 세트 편지지

햄버거 세트 편지지

콜라 몸통 ⓐ

lovecacola
ZERO SUGAR
럽카 콜라 제로
300ml(0kcal)
lovecacola
lovecacola
ZERO SUGAR
럽카 콜라 제로
300ml(0kcal)
총 내용량당
1일 영양성분 기준치에 대한 비율
행복 35mg 70%
탄수화물 0mg 0%
당류 0mg 0%
행운 10mg 20%
사랑 5mg 10%
사랑 10% 5mg
행운 20% 10mg
행복 70% 35mg
100% LOVE COKE
A
B
C

콜라 윗면

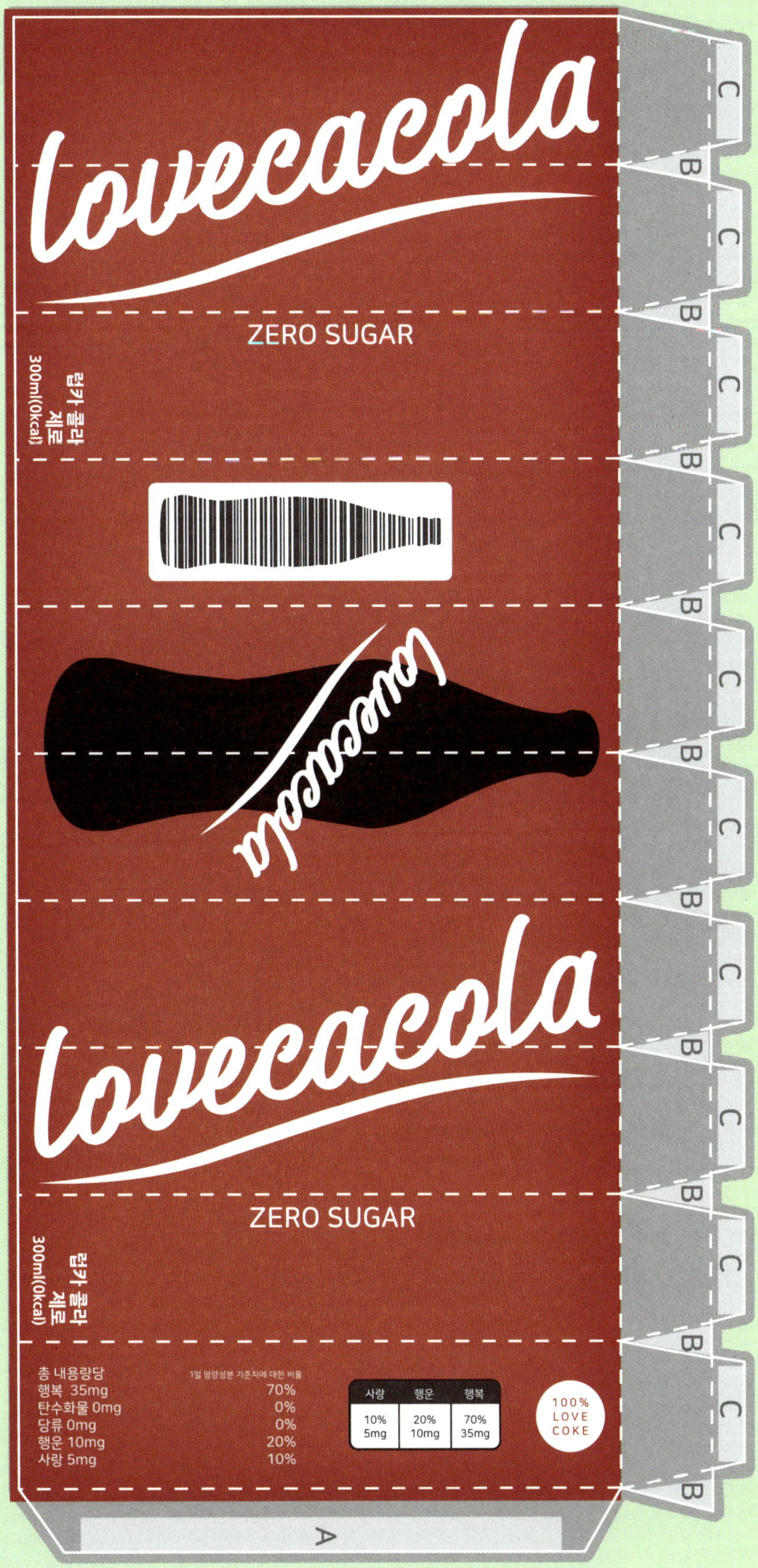

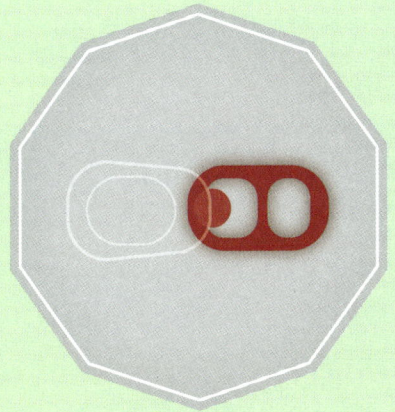

햄버거 세트 편지지

콜라 몸통 ⓑ

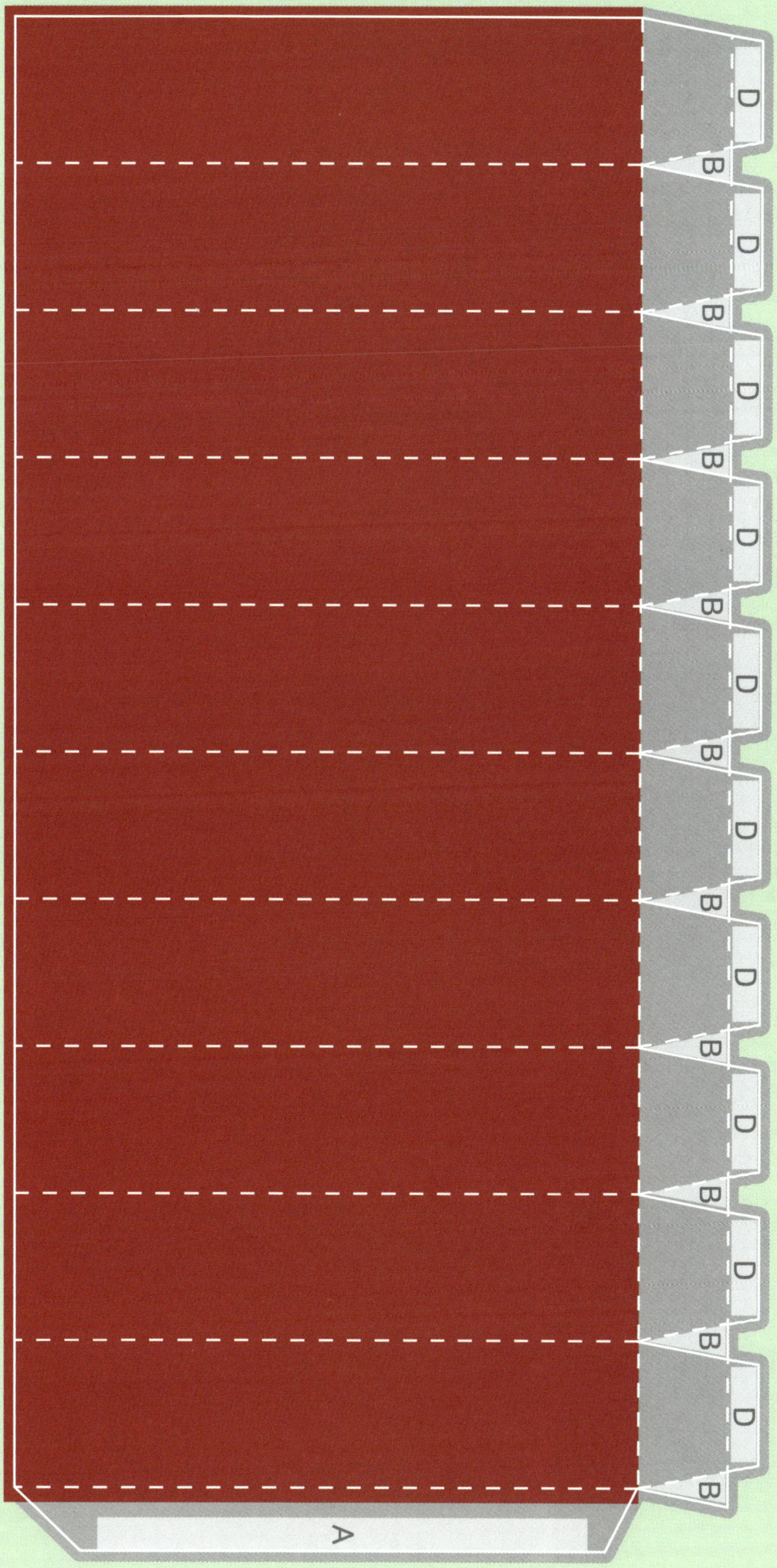

콜라 아랫면

햄버거 세트 편지지

햄버거 세트 편지지

햄버거 세트 편지지

ORGANIC
BURGER STAR

D'

C'

B'

햄버거 세트 편지지

D'

C'

A'

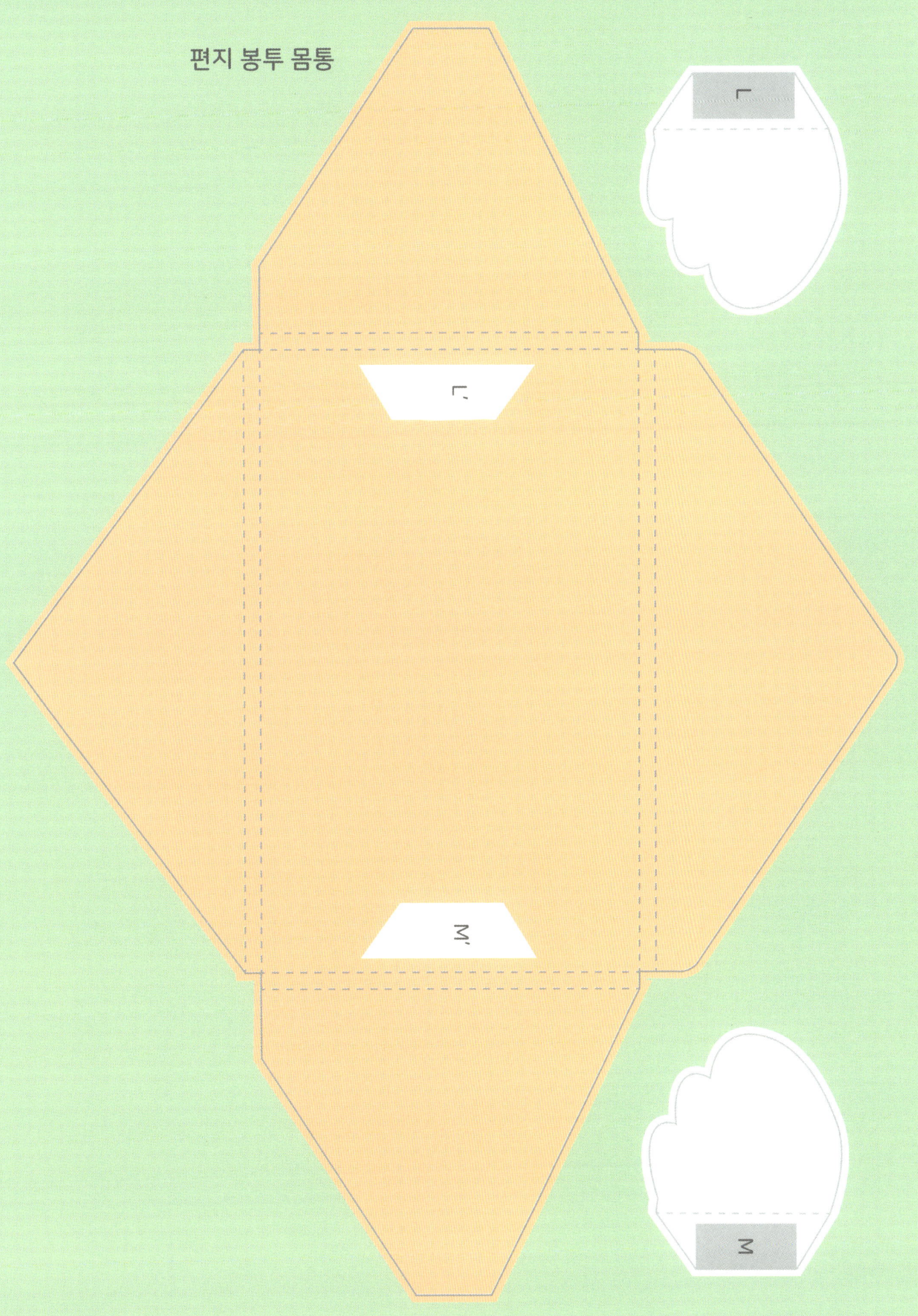

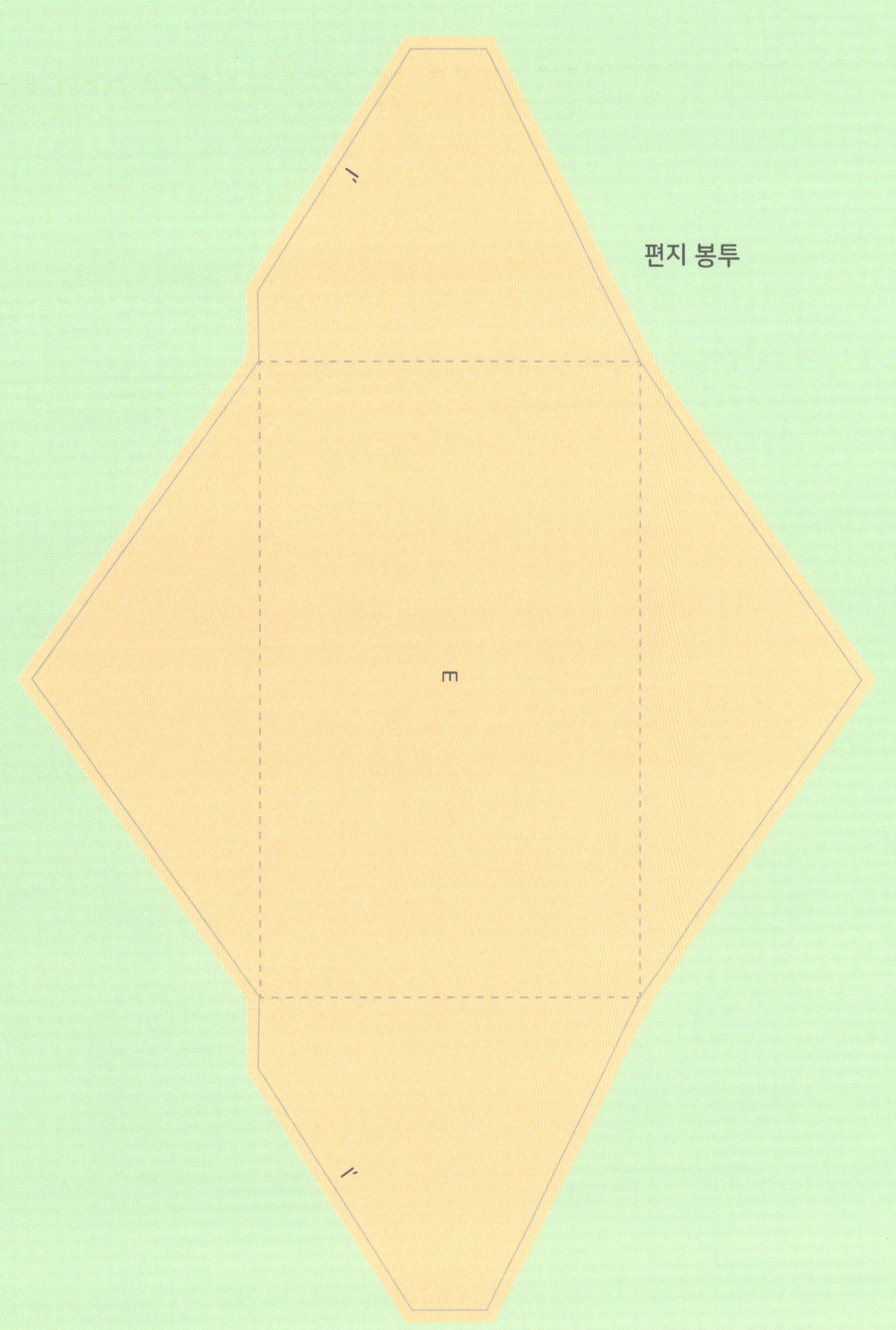
편지 봉투

팝업 편지지

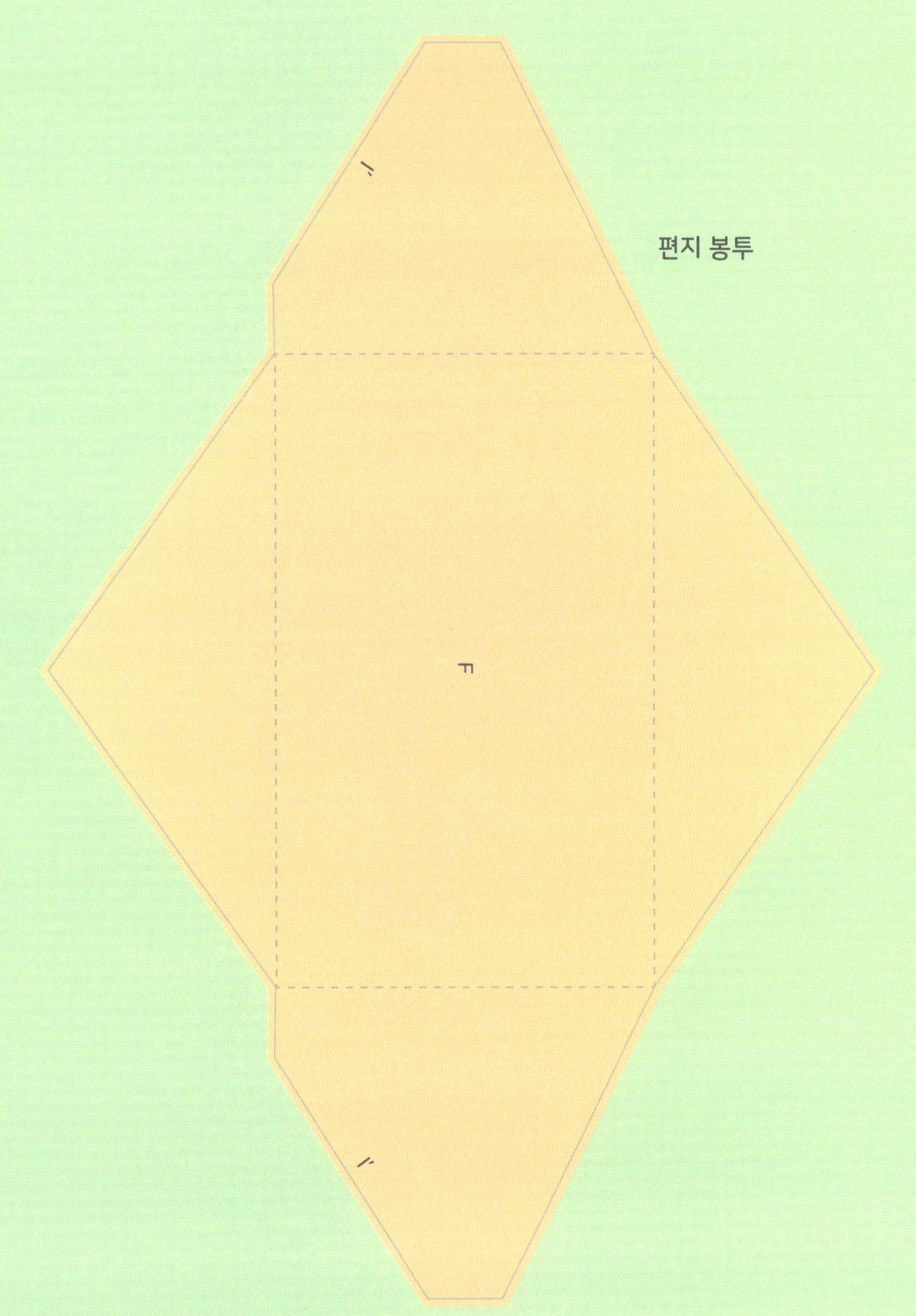

편지 봉투

207

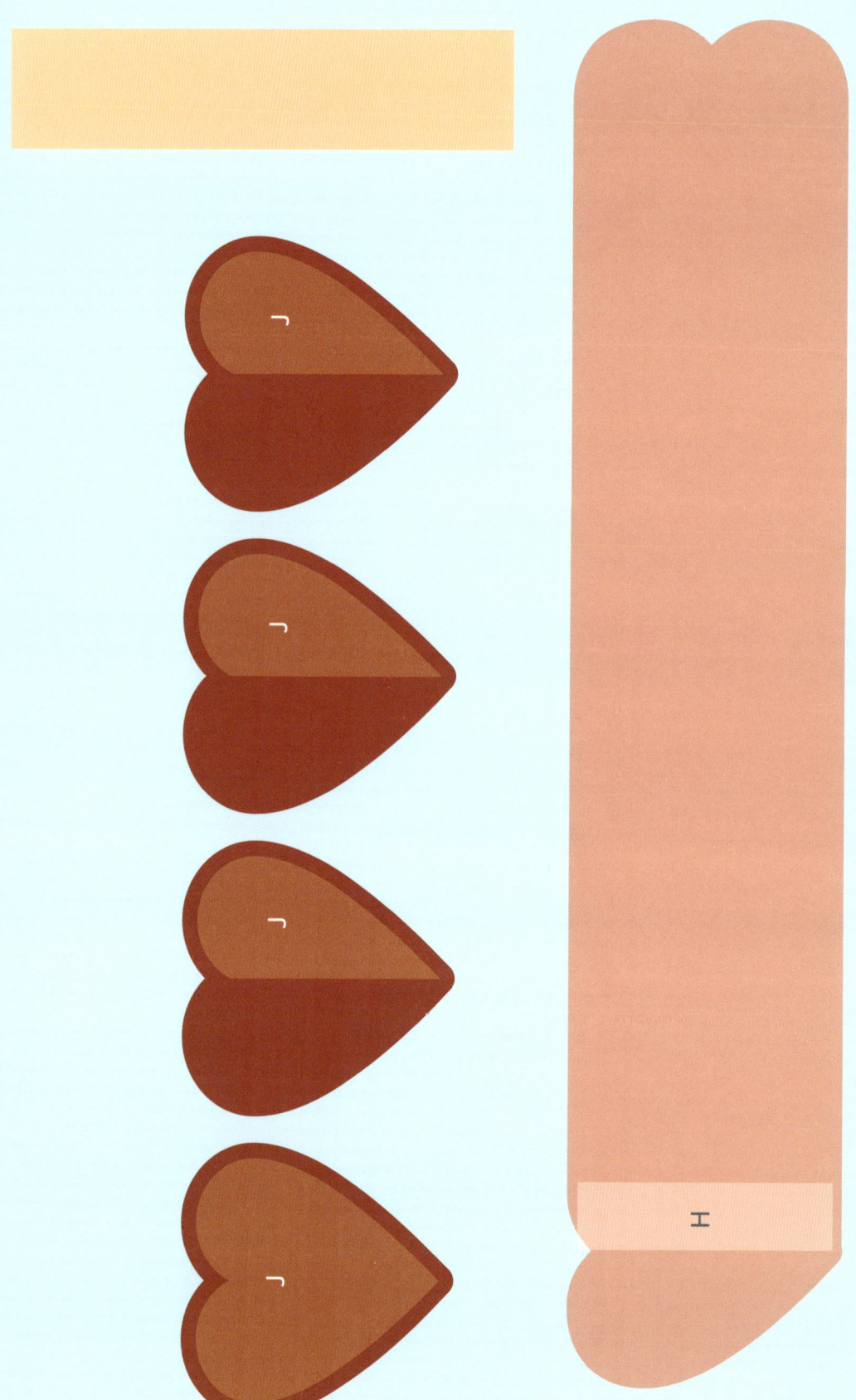

팝업 편지지

하트 앨범 네모 앨범

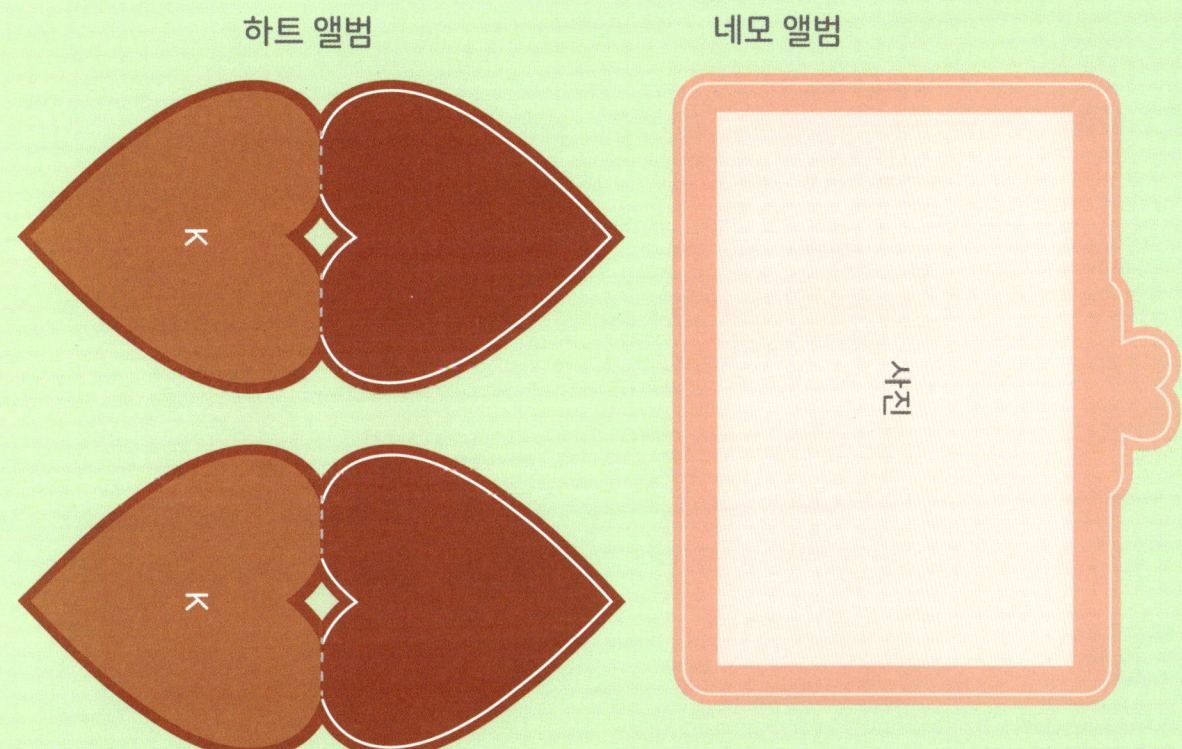

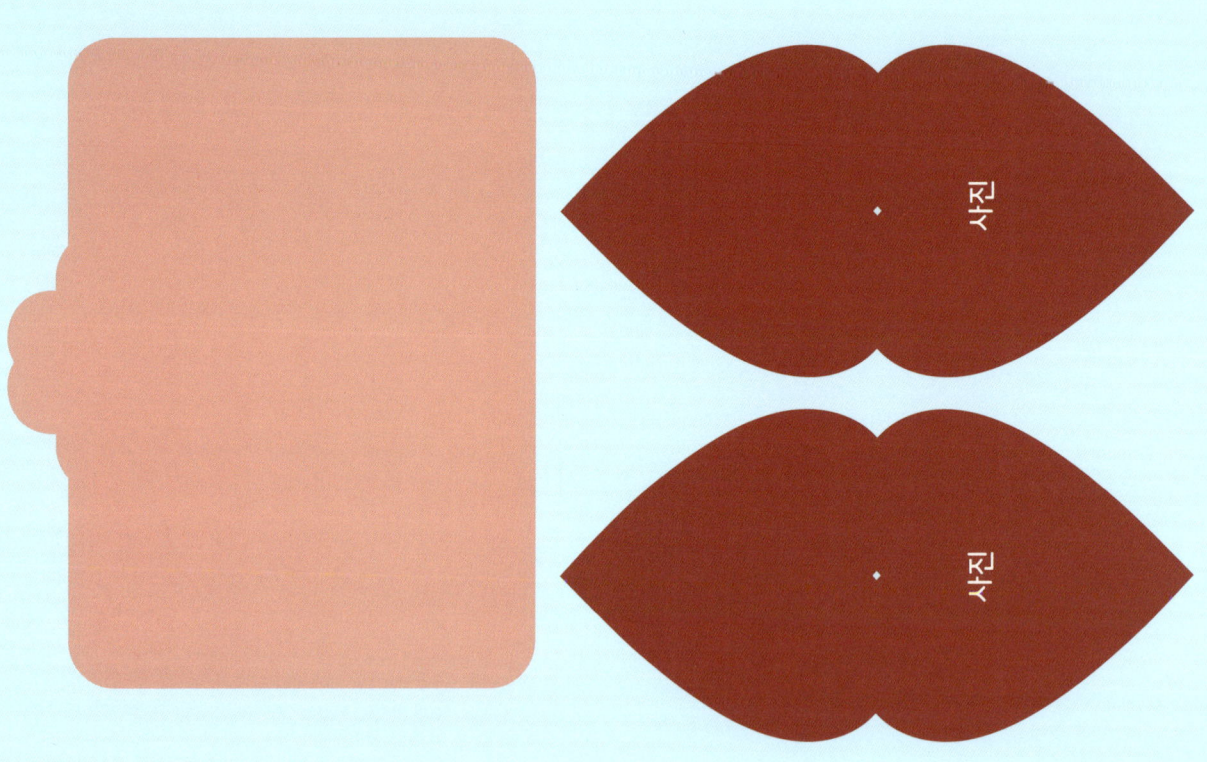

상자ⓐ 옆면

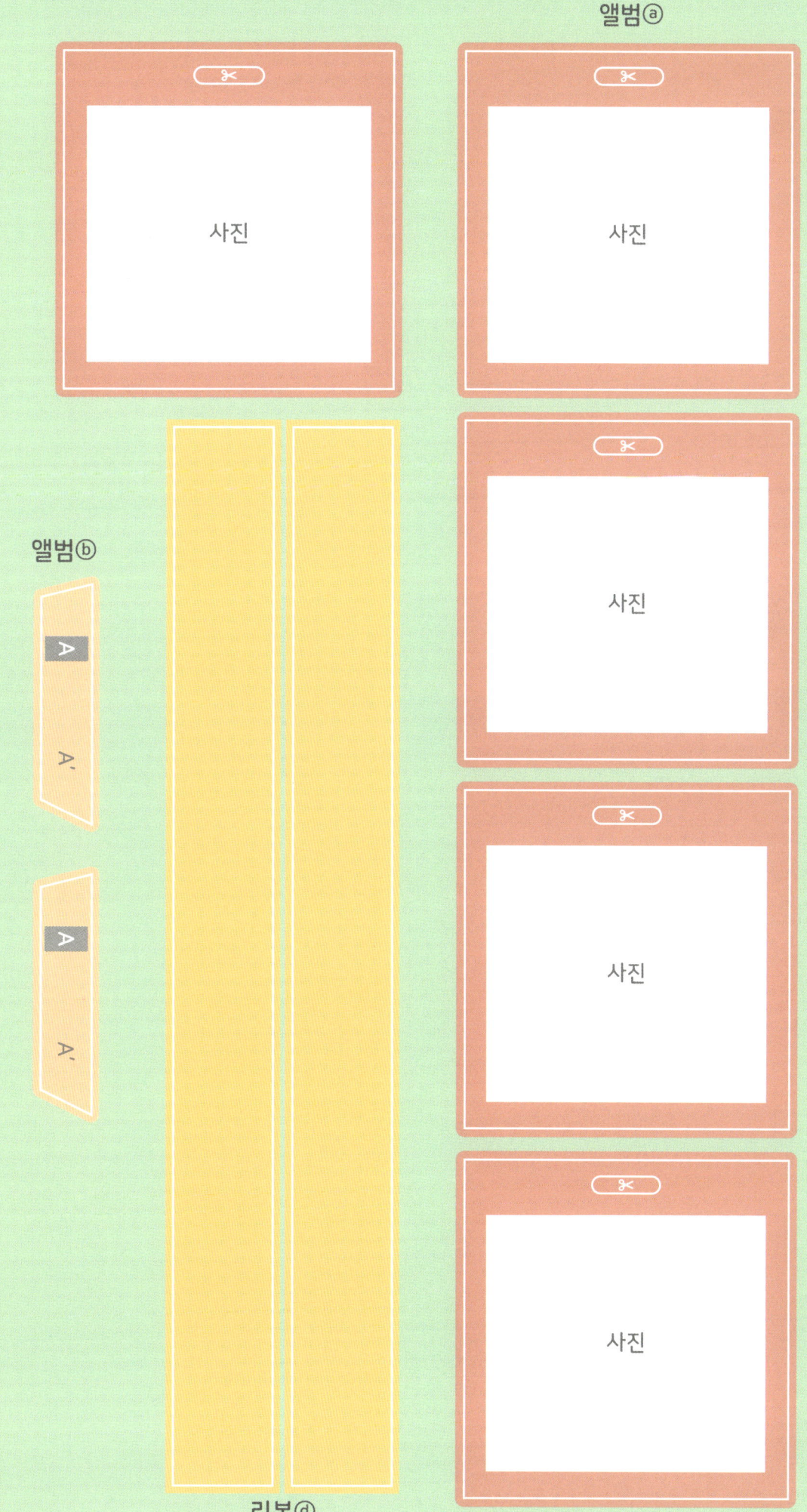

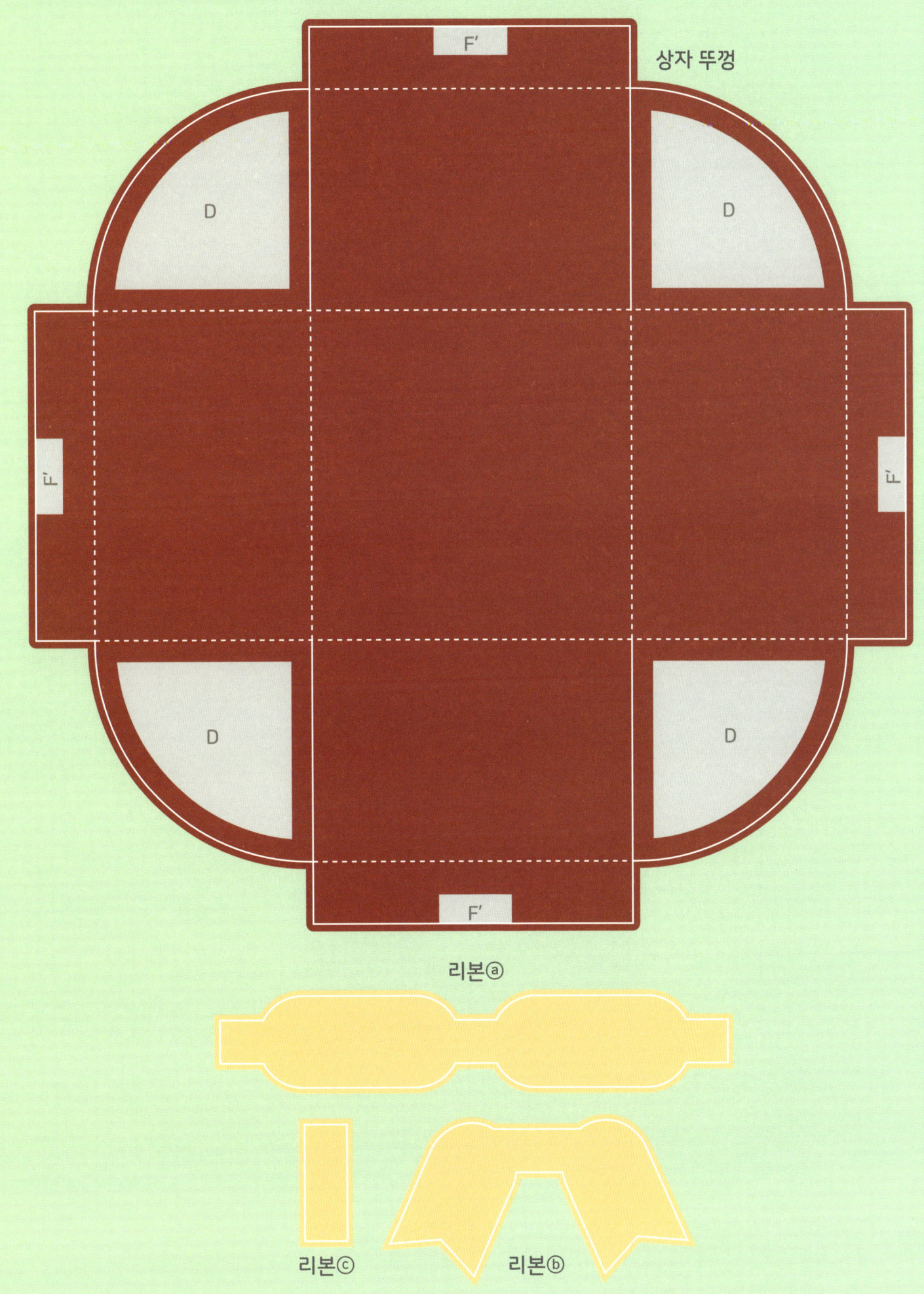

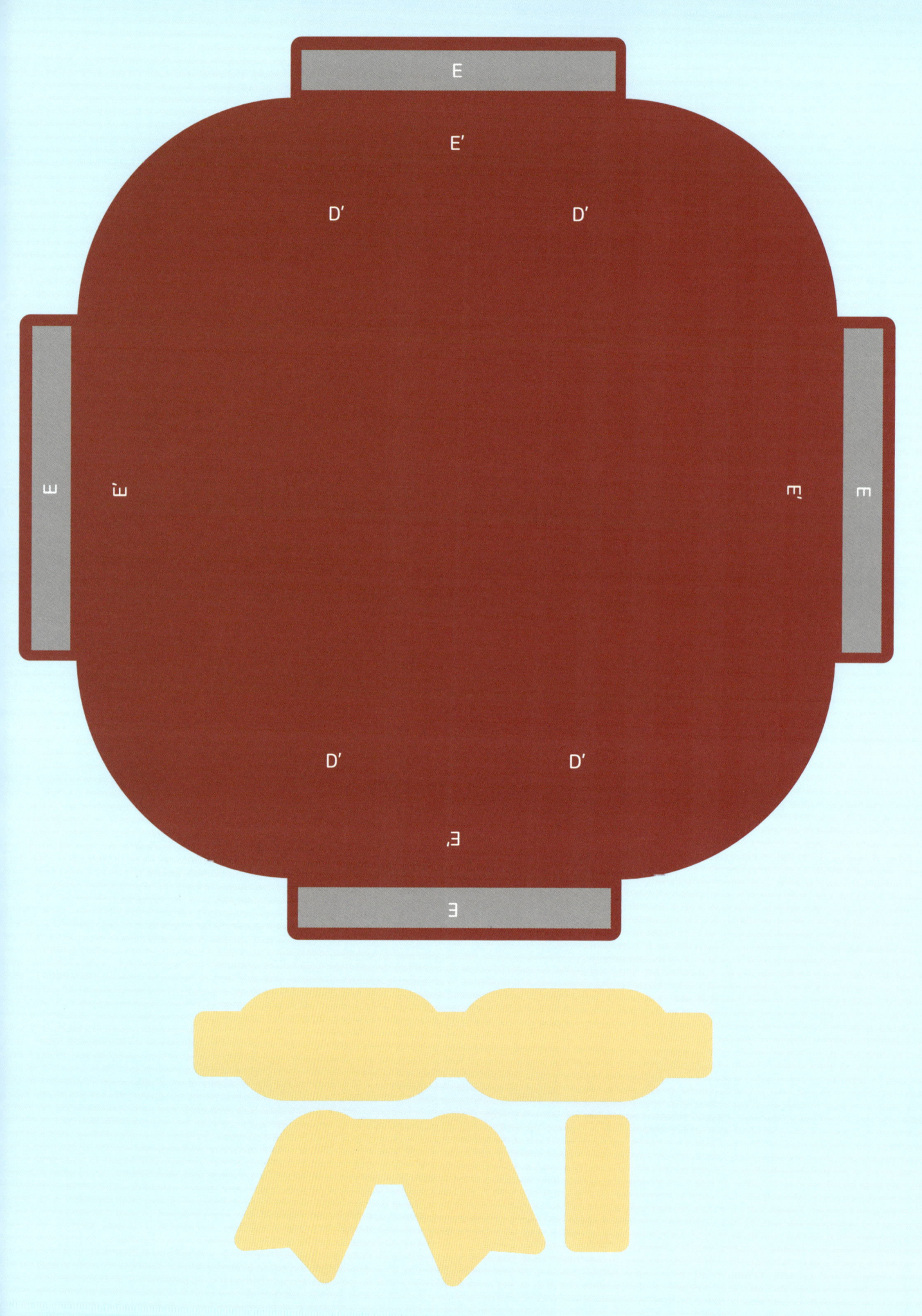

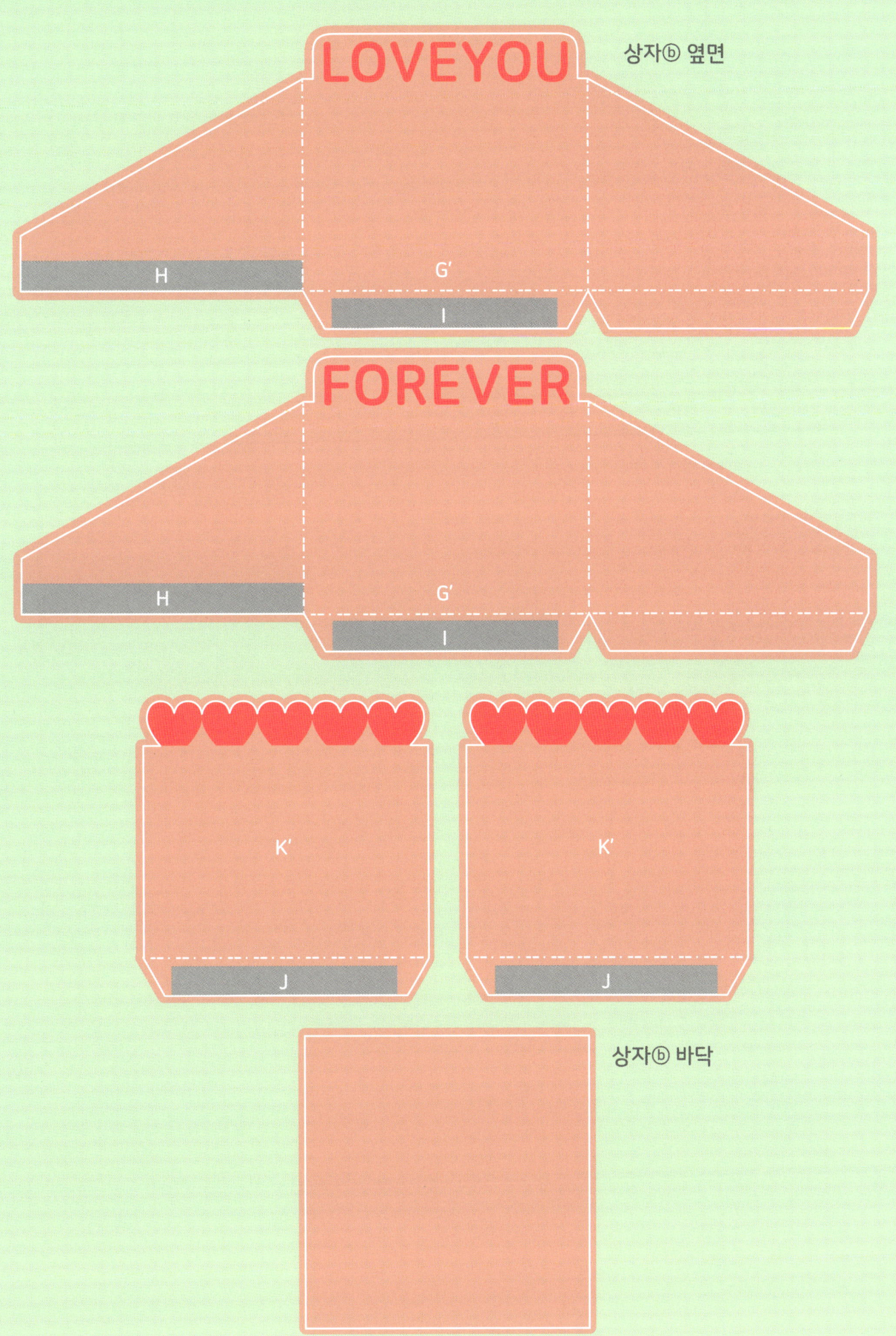

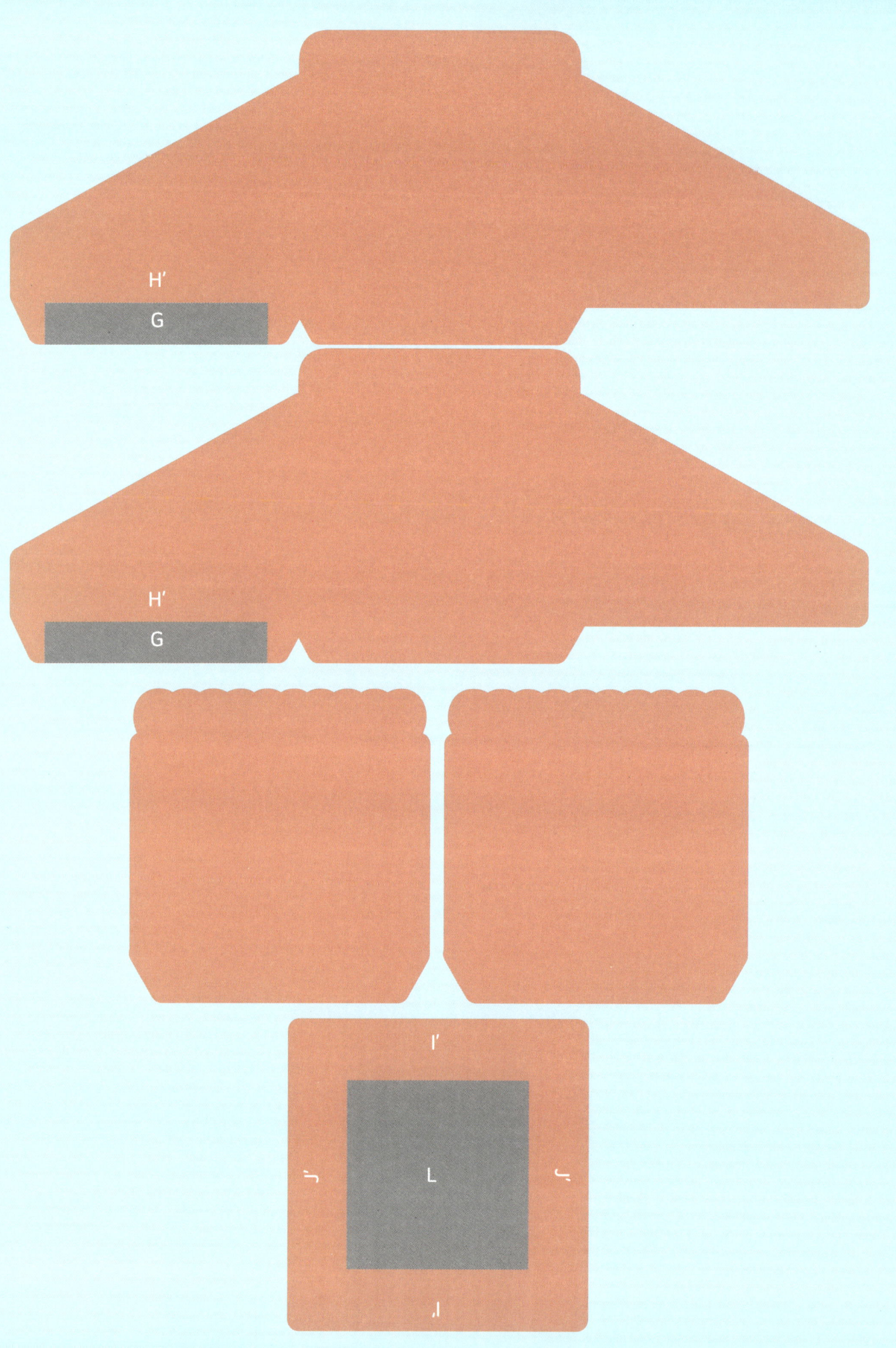

상자 편지지

쿠폰 ⓐ

하트 카드

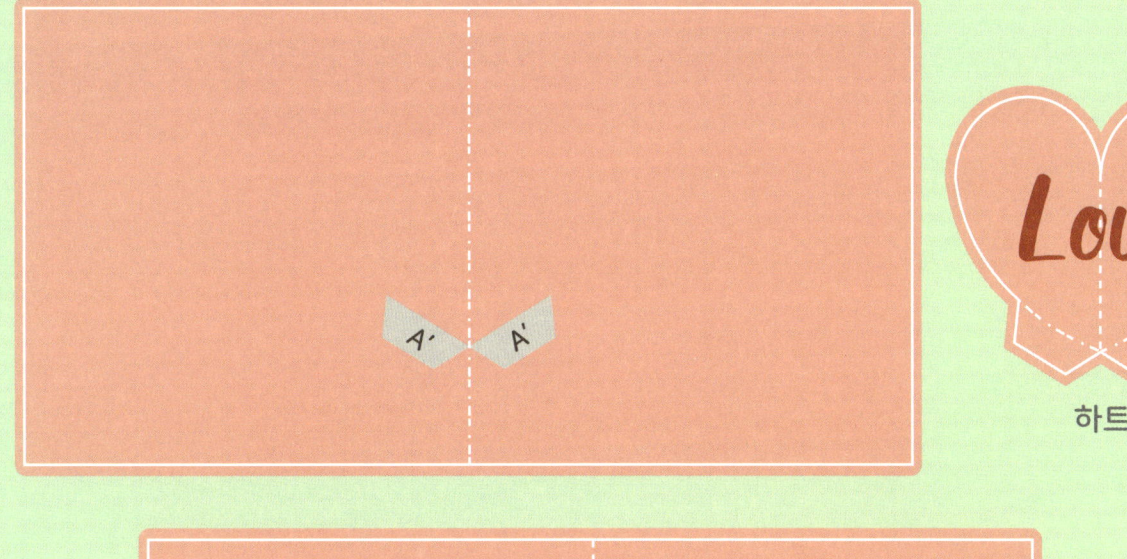

하트

편지지

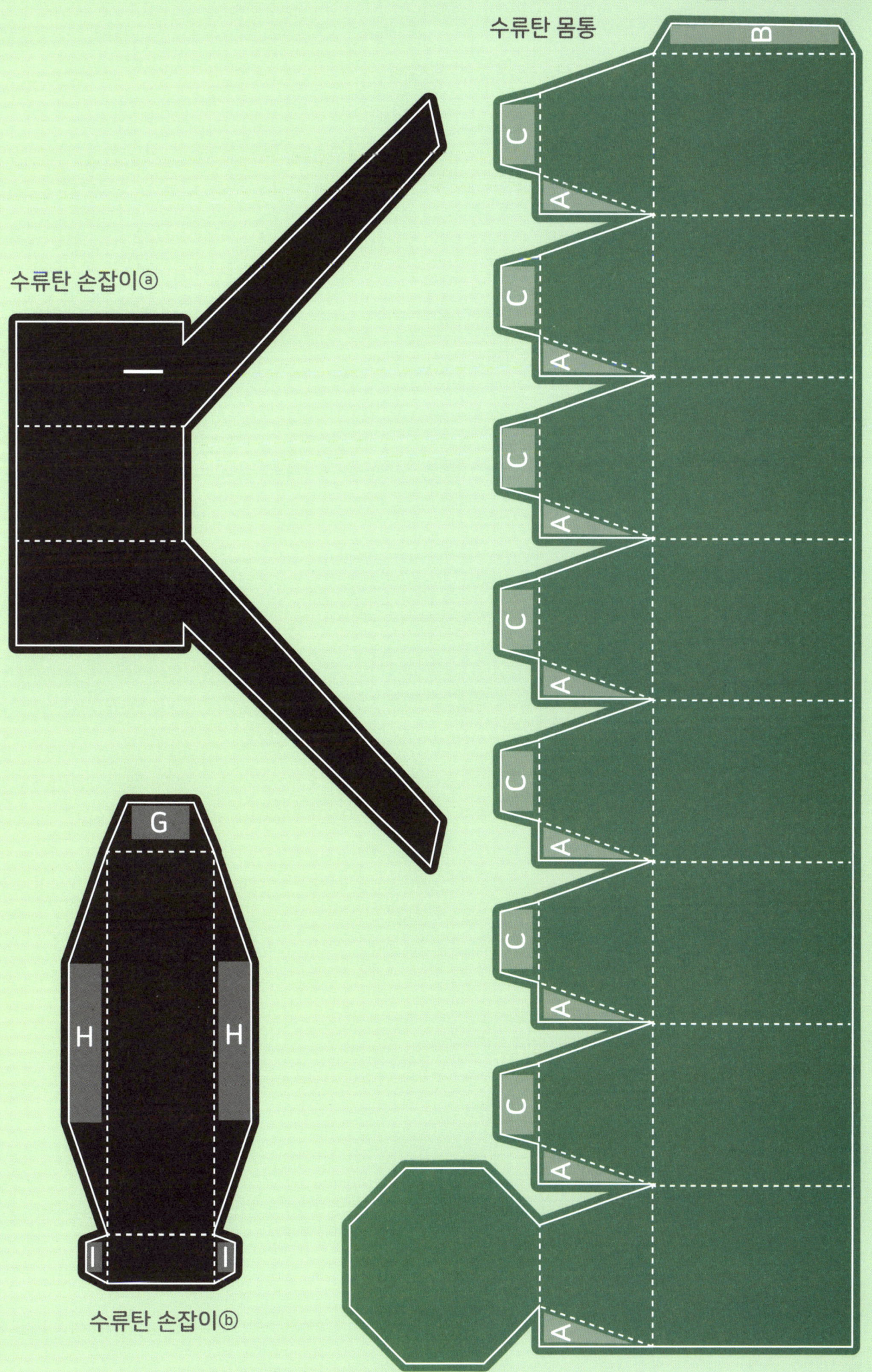

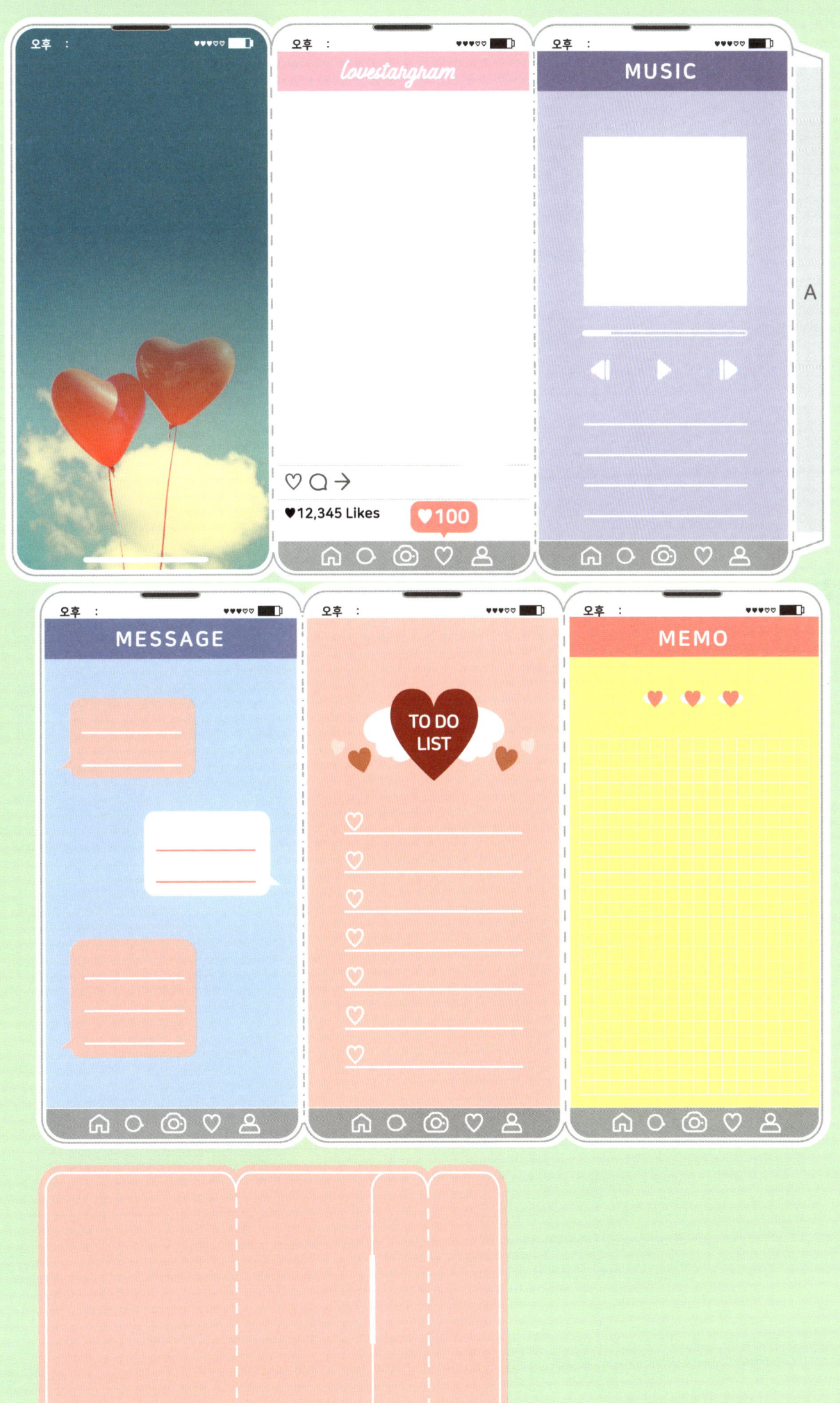

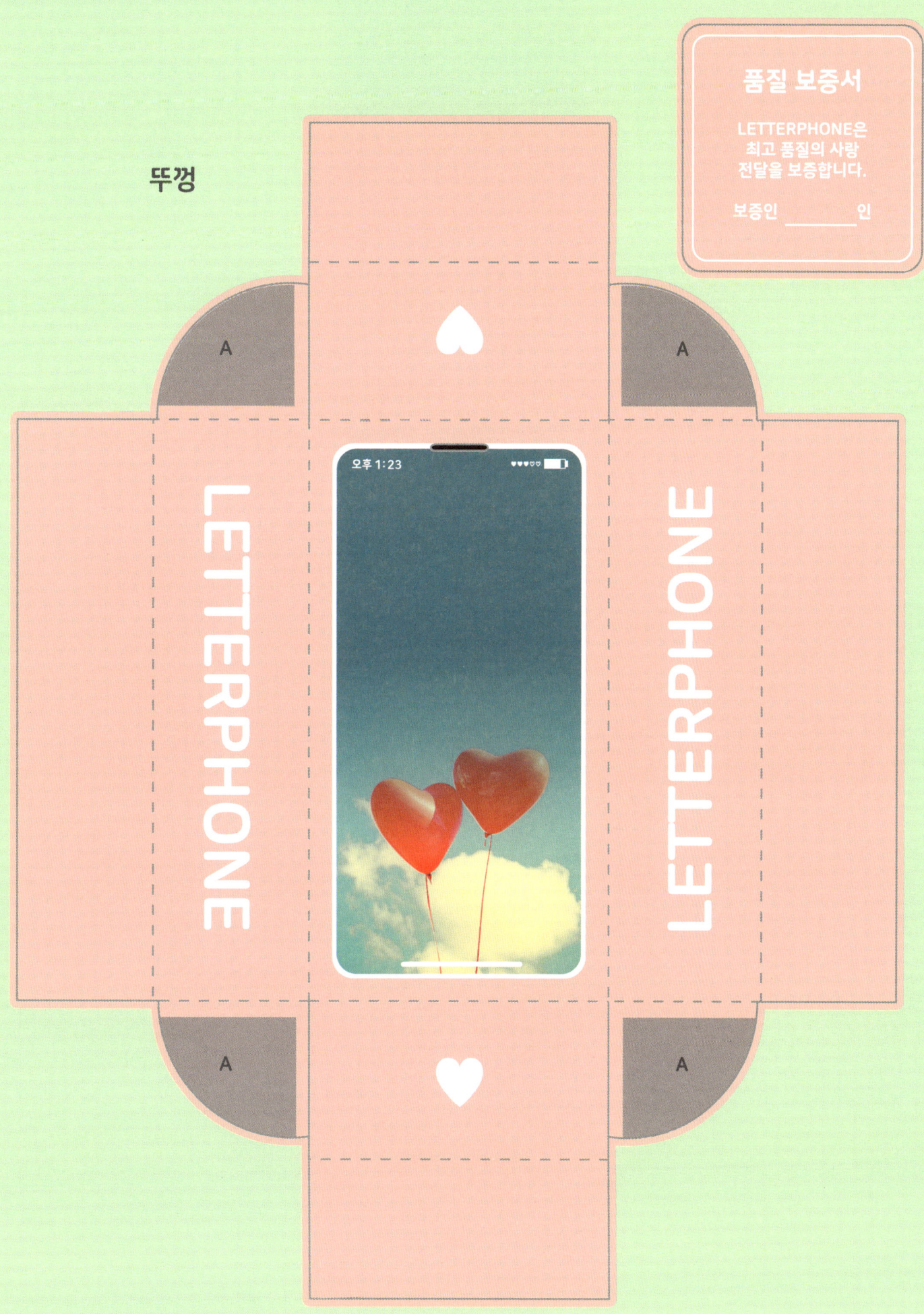

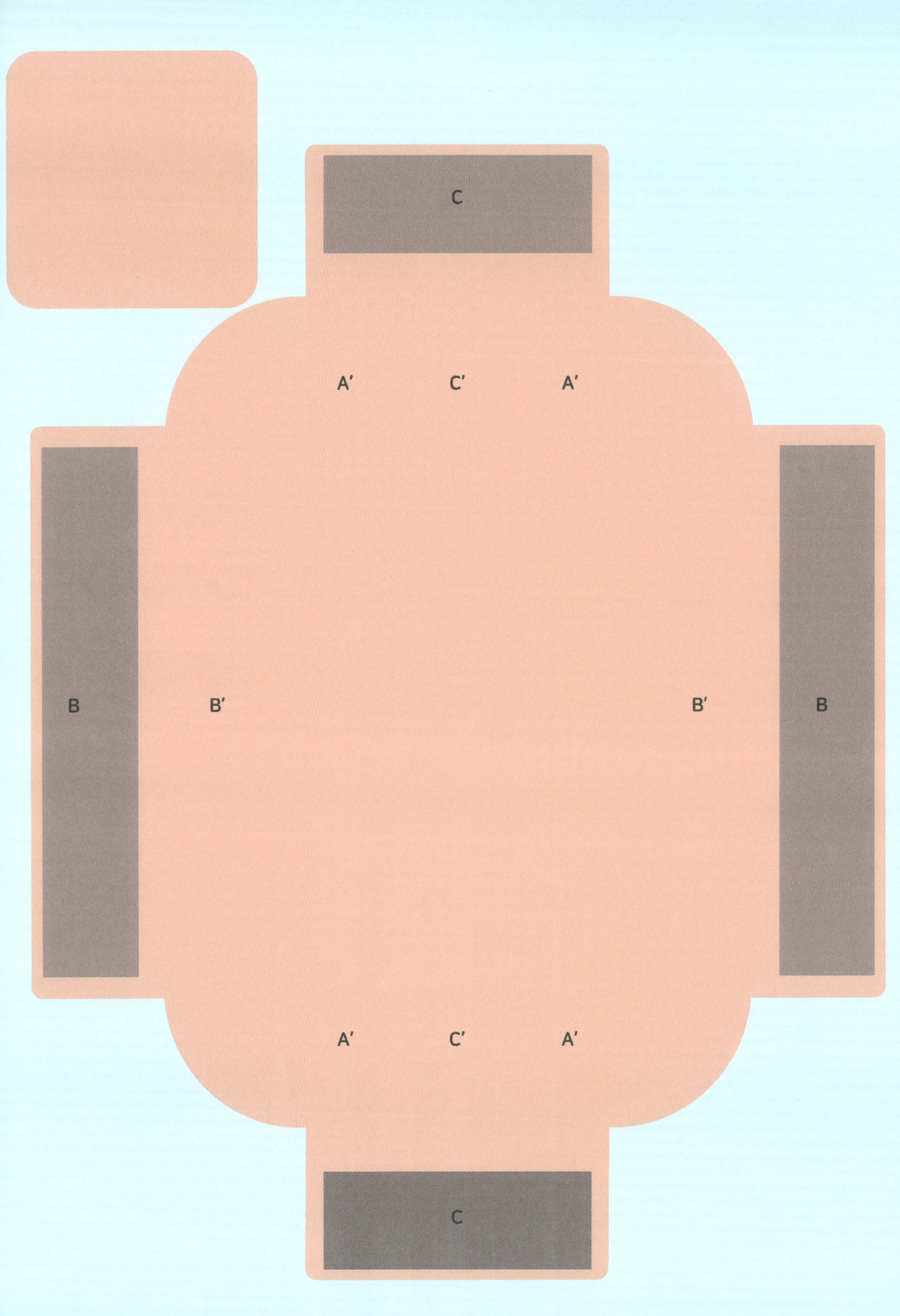

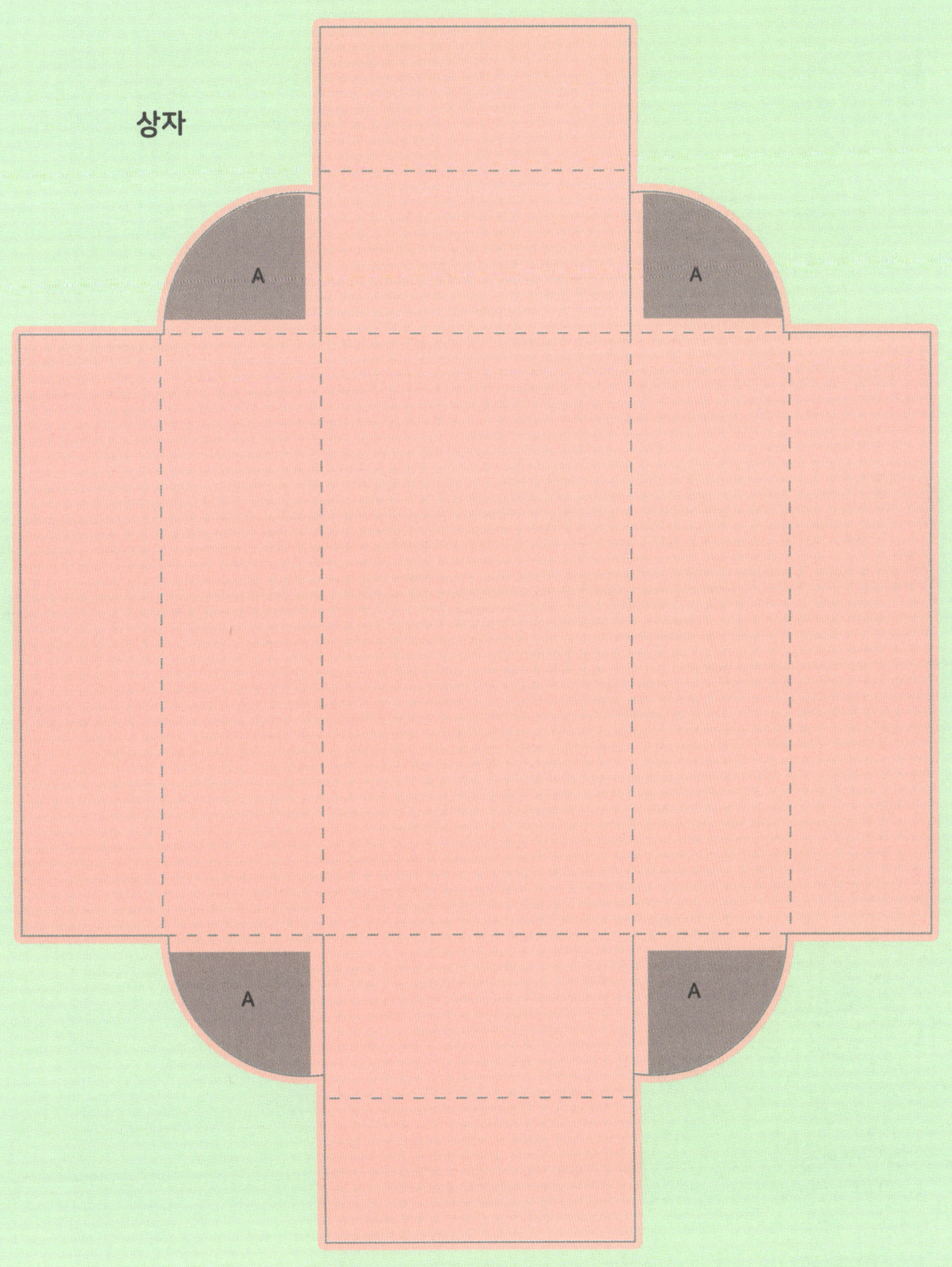

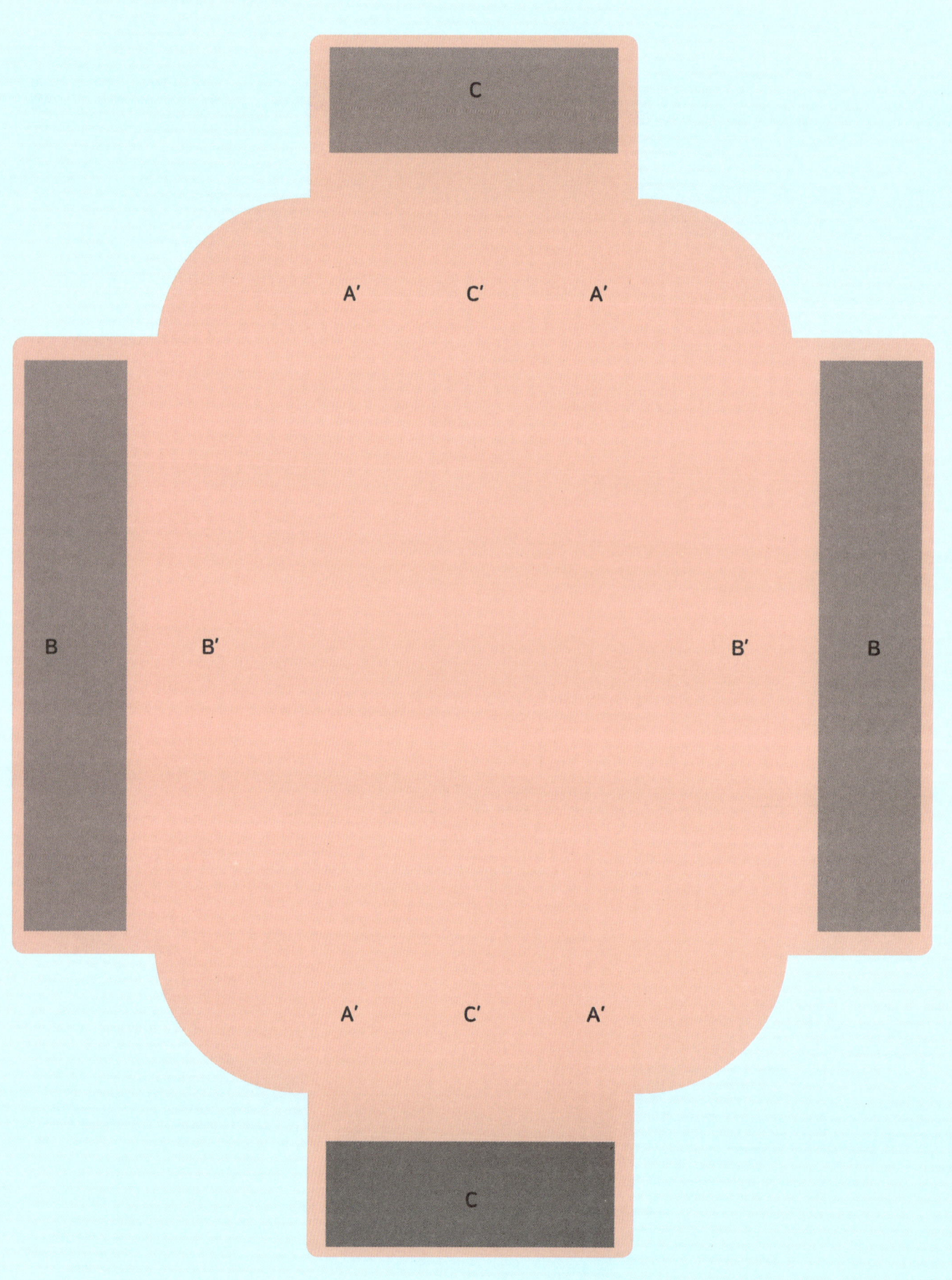

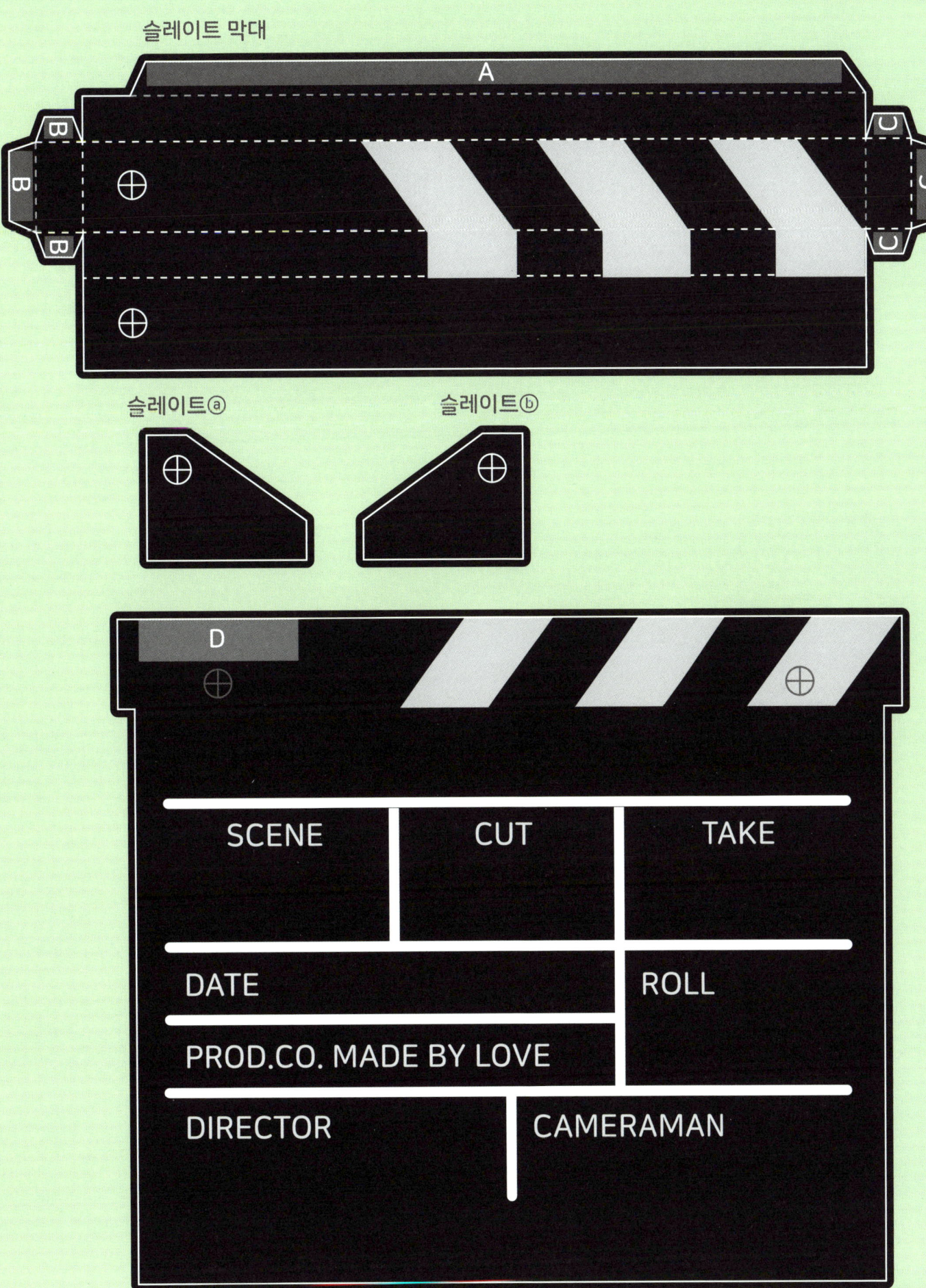

📧 슬레이트 앨범

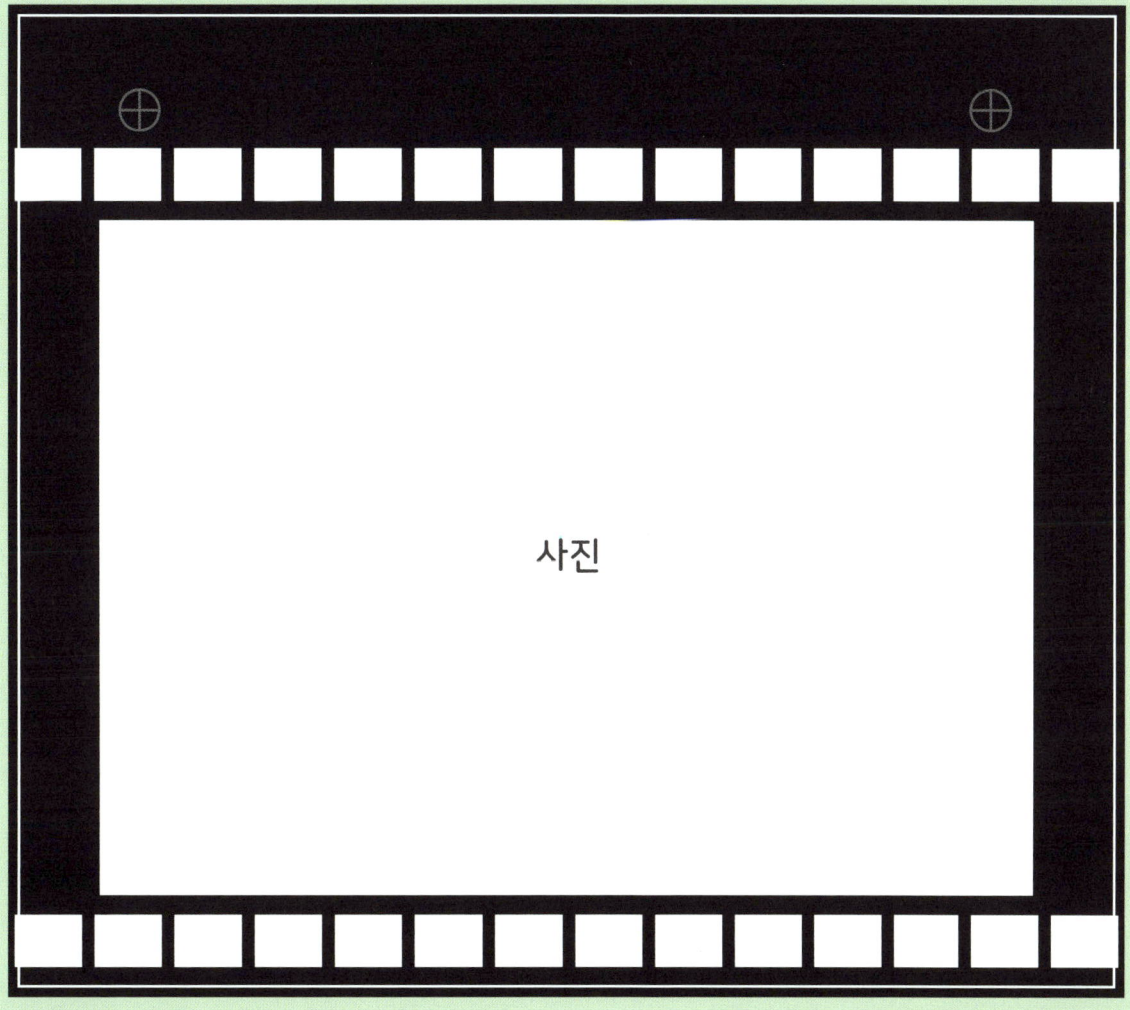

사진

사진

📩 슬레이트 앨범

✉ 슬레이트 앨범

슬레이트 앨범

사진

사진

📧 **슬레이트 앨범**

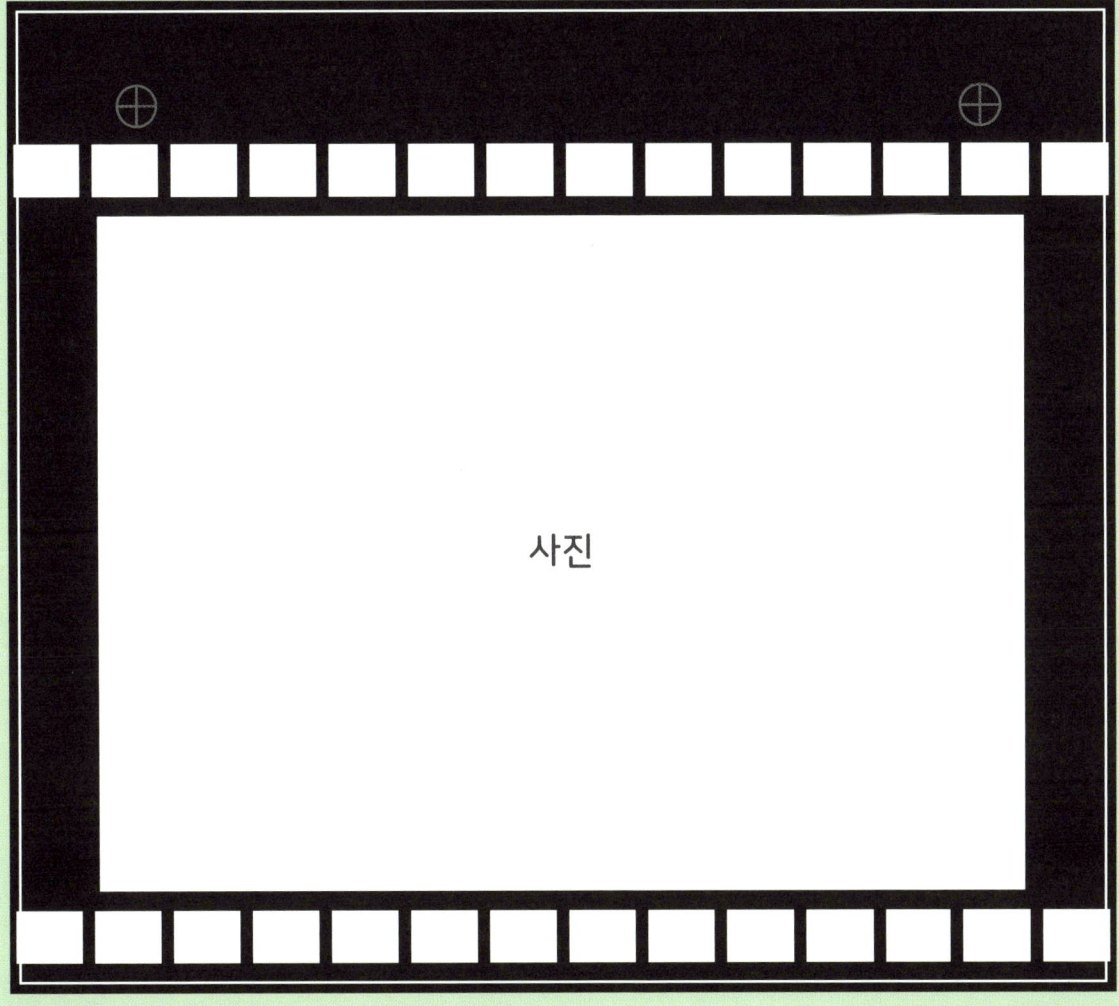

📧 슬레이트 앨범

사진

사진

카메라 앨범

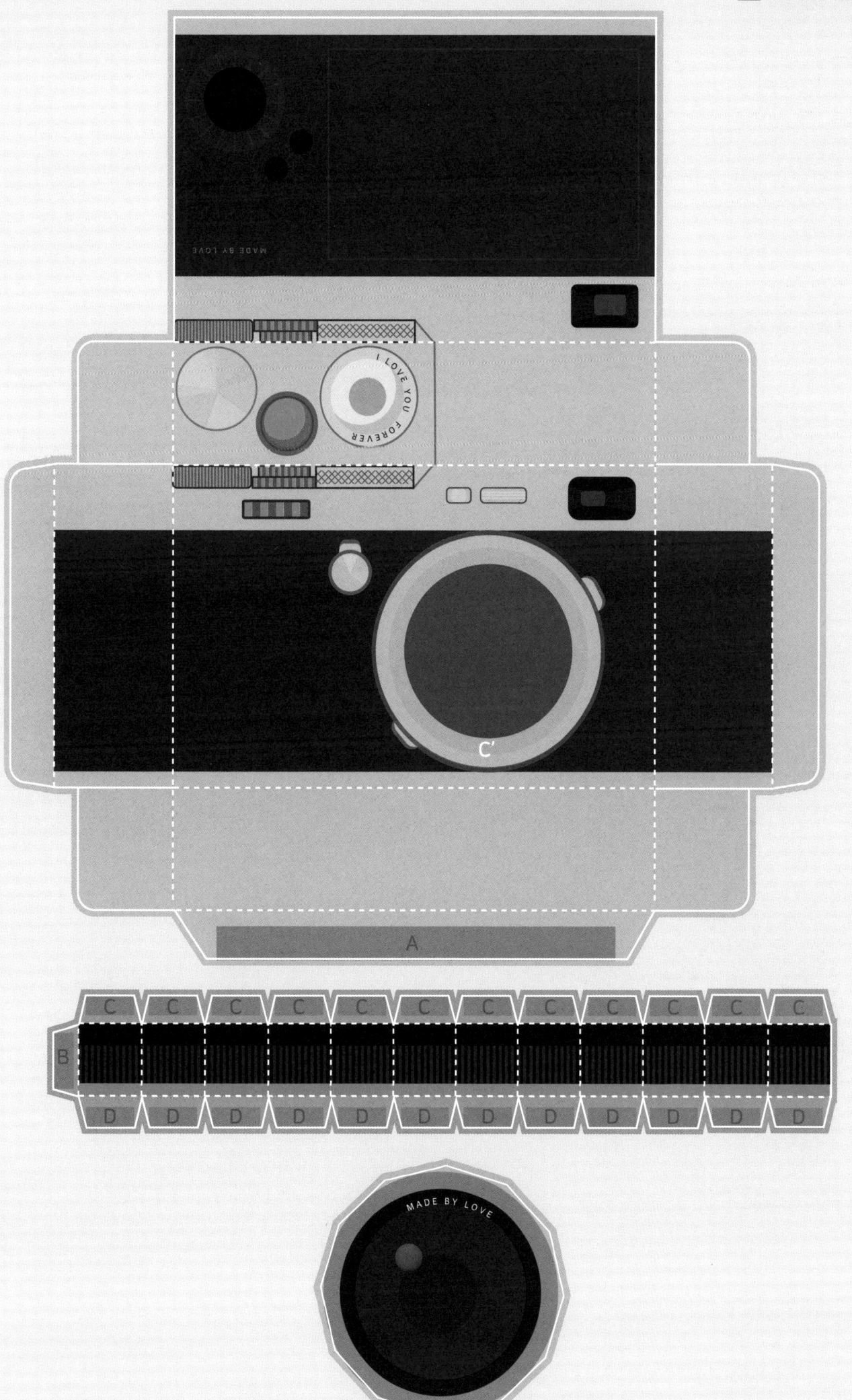

카메라 앨범

속상자

카메라 앨범

| 사진 | 사진 | 사진 |
| 사진 | 사진 | 사진 |

카메라 앨범

카메라 앨범

F F F

사진 사진 사진

사진 사진 사진

스티커

샌드위치 선물상자 스티커

1   1

신선한 선물
24시간 안에
뜯어보세요!

신선한 선물
24시간 안에
뜯어보세요!

택배 선물상자 스티커

우체통 편지지 스티커

상자 편지지 스티커

팝업 편지지 스티커

수류탄 선물상자 스티커

SAFETY FIRST